中国证券博物馆

CHINA SECURITIES MUSEUM

2020年 第3辑
总第4辑

中国证券博物馆 编

中国金融出版社

责任编辑：曹亚豪
责任校对：刘　明
责任印制：张也男

图书在版编目（CIP）数据

中国证券博物馆. 2020 年. 第 3 辑：总第 4 辑 / 中国证券博物馆编. —北京：中国金融出版社，2020.11

ISBN 978 – 7 – 5220 – 0971 – 1

Ⅰ. ①中… Ⅱ. ①中… Ⅲ. ①证券市场—史料—中国 Ⅳ. ①F832.97

中国版本图书馆 CIP 数据核字（2020）第 269533 号

中国证券博物馆. 2020 年. 第 3 辑：总第 4 辑
ZHONGGUO ZHENGQUAN BOWUGUAN. 2020 NIAN. DI-3 JI: ZONG DI-4 JI

出版
发行　中国金融出版社
社址　北京市丰台区益泽路 2 号
市场开发部　（010）66024766，63805472，63439533（传真）
网 上 书 店　http://www.chinafph.com
　　　　　　（010）66024766，63372837（传真）
读者服务部　（010）66070833，62568380
邮编　100071
经销　新华书店
印刷　北京侨友印刷有限公司
尺寸　215 毫米 × 280 毫米
印张　6.25
字数　120 千
版次　2020 年 12 月第 1 版
印次　2020 年 12 月第 1 次印刷
定价　36.00 元
ISBN 978 –7 – 5220 – 0971 – 1
如出现印装错误本社负责调换　联系电话（010）63263947

策 划

主　编	副主编
黄红元	潘学先

编委会成员

张卫东　金星　张冠琼　周舶　张勇

| 联系我们 |

电话：021-38612105　　邮箱：zgzqbwgnk@sse.com.cn

地址：上海市虹口区黄浦路 15 号　　邮编：200080

本书部分图片或文字来源于互联网等公开渠道，其版权归属原作者所有。如有版权相关事宜，请发送邮件至联系邮箱。文章仅代表作者个人观点，不代表本书立场。

人物

001　改革先锋厉以宁　　　　　　　　　　　　　　　　　　　　　黄湘平

风云笔谈

018　激情燃烧的岁月——忆 1990 年 12 月的中国证券市场　　　　谢荣兴
026　上海证券交易所东迁的历史意义　　　　　　　　　　　　　　王惠众
031　证券市场在温州探索发展的记忆　　　　　　　　　　邹雯雯　林坚强

专题研究

036　近代上海的两个证券市场及其特点　　　　　　　　　　　　　刘志英
041　孕育与反哺——近代上海的城市经济与证券市场　　　　　　　潘君祥

文博论坛

048　现代纸质文物保管与保护中的几个问题　　　　　　　　　　　顾音海
052　科学分析检测在纸质文物保护修复中的应用　　　　　　　　　徐文娟

鉴往知来

056　惊"潮"：树欲静而"风"不止　　　　　　　　　　　　　　黄沂海

峥嵘岁月

064　历经证券、期货二十二载，望勿辜负宇宙一瞬——一个知识分子投身于中国资本市场历程的自我简述　　　　　　　　　　　　　肖　成
072　亲历创业时代：我在深圳的 28 年　　　　　　　　　　　　　杨东阳

藏品撷英

076　已知存世最早的中国股票——开平矿务局股分票　　　　　　　金　星

大事记

079 中国私募基金监管政策大事记

　　　　　　　　　　　　　复旦大学绿庭新兴金融业态研究中心

博物馆动态

086 中国证券博物馆举办《浦东开发三十年　资本市场三十事》展

087 "牛岁福临门——辛丑（牛年）新春生肖文物联展"策展研讨会在中国证券博物馆举行

089 中国期货业协会向中国证券博物馆赠送《中国期货公司发展史》

博物馆启事

091 《中国证券博物馆》征稿启事

改革先锋厉以宁

黄湘平

厉以宁

厉以宁，北京大学资深教授，博士生导师。北京大学战略研究所名誉理事长，北京大学光华管理学院名誉院长，中国民生研究院学术委员会主任，中国企业发展研究中心名誉主任。

第七、第八、第九届全国人大常委，第十、第十一、第十二届全国政协常委。

厉以宁是我国经济学界的泰斗、经济体制改革的积极倡导者、中国社会主义市场经济理论的奠基人和开拓者之一。他是我国最早提出股份制改革理论的学者之一，参与推动我国国有企业产权制度改革，主持起草了《证券法》《证券投资基金法》，还参与推动出台《国务院关于鼓励支持和引导个体私营等非公有制经济发展的若干意见》（"非公经济36条"）以及《国务院关于鼓励和引导民间投资健康发展的若干意见》（"非公经济新36条"），因此也被外界称为"厉股份""厉民营"。

2013年获得中央电视台第十四届中国经济年度人物终身成就奖；2016年获得第五届吴玉章人文社会科学终身成就奖；2018年，在庆祝改革开放40周年大会上，他获颁"改革先锋"奖章。

著有《经济体制改革的探索》《中国经济改革的思路》《中国经济改革与股份制》《股份制与现代市

场经济》《非均衡的中国经济》《转型发展理论》《超越市场与超越政府》《市场经济的足迹》《资本主义的起源》《罗马—拜占庭经济史》《论民营经济》《中国经济双重转型之路》等。还曾出版《厉以宁诗词选集》（上下卷）、《山景总须横侧看：厉以宁散文集》。

图1 黄湘平

我是在恢复高考后进入北京大学经济系求学的。在校时，我和厉以宁老师结下了深厚的师生友谊。厉老师为我们主讲比较经济史和西方经济学，从古罗马的兴衰到西方经济学各流派的形成与发展，从新古典综合派凯恩斯主流经济学到以弗里德曼为代表的各种货币学派、理性预期学派，从哈耶克的新自由主义理论体系到加尔布雷斯的新制度学派，厉老师的讲授浅显易懂而又充满哲理。他课堂上精心讲解，下课后悉心指导，正是厉老师勤恳授业、诲人不倦、润物无声的教学方法和精神，让我们这些莘莘学子得以尽窥经济学门径，也使我坚定地把经济学理论研究和实践作为一生的追求。

1982年毕业后，我回到家乡湖南进入省人大常委会工作，担任过秘书处处长、研究室主任及法工委副主任。一别经年，再次见到厉以宁老师已是1988年，厉老师应湖南省委、省政府邀请来湘讲学并推行股份制。虽然厉老师已年近六旬，但为国为民的宏远志愿，让他再次焕发青春，他带领一群青年学子，为推行国有企业的股份制改革奔走呼吁。这时，厉老师已经有了另一个全国皆知的称号——"厉股份"。30多年来，厉以宁不忘初心，矢志不渝，为我国企业股份制改革和证券市场发展做出了不可磨灭的贡献！

2009年，在中国经济学家年度论坛暨中国经济理论创新奖颁奖典礼上，论坛组委会授予了厉以宁经济理论创新奖，对其股份制改革理论做出了这样的评价："股份制是20世纪80年代末深化经济体制改革的核心与关键。在经营权主导改革和产权主导改革的讨论中，厉以宁引领了国有企业股份制改革，推动了所有制改革，开启了资本市场的发轫，完善了市场经济的微观体系建设，对中国经济和社会的改革与发展具有全面、深刻、广泛而深远的影响。"

早在1980年4月，厉以宁在中央书记处研究室和国家劳动总局联合召开的劳动就业座谈会上，第一次公开提出了股份制改革的思路。当时正值我国改革开放初期，国家停止了"上山下乡"运动，大约有1700万名回城知青等待就业安置。厉以宁提出可以号召大家集资，兴办一些企业，企业也可以通过发行股票扩大经营，以此来解决就业问题。同年8月，厉以宁在全国劳动就业工作会议上再次提出实行股份制推进就业，并强调股份制实际上是一种新的公有制形式。

图2　20多年前，厉以宁老师在湖南下乡宣讲股份制时与笔者的合影

厉以宁在我国经济体制改革开放之初首创性地提出进行企业股份制改革，这一方面说明了厉以宁对马克思主义政治经济学和当代西方经济学的广博积累和融会贯通，另一方面也充分展示了厉以宁决心为我国改革开放、体制转型进行艰辛探索的家国情怀。40多年来，厉以宁不忘初心，牢记使命，砥砺前行，不断探索，创立和完善了他的股份制改革理论体系、思想方法和操作路径，并使之自始至终与我国经济体制改革紧密结合，从我国经济体制转型和发展转型的特有国情出发，来自实践，又突破实践、指导实践，具有很强的理论前瞻性和创新性，对我国所有制改革和资本市场的建立、完善，具有非常重要的意义。

厉以宁股份制改革理论，主要来源于他的经济思想中两个最核心的理论，即双重不均衡理论和双重转型理论。

在经济学中，"均衡"一词专指市场均衡，它包含两个方面的基本含义：一是市场供求数量相等，市场机制充分发挥作用；二是市场处于相对稳定的状态，市场出清是其基本特征。我们一般把这种状态称为瓦尔拉均衡。瓦尔拉均衡是在假设存在着完善的市场和灵敏的价格体系的条件下所达到的均衡。根据瓦尔拉的学说，既然市场是完善的，价格体系是灵敏的，每一个参加市场交易的人对现在和未来的价格都有完全的信息，对现在和未来的供求状况都有充分的了解，价格随着供求的变化随时进行调整，那么在任何一种价格条件下，需求总量必定等于供给总量，社会中的超额需求和超额供给都是不存在的，任何交易的实现，都必须以均衡价格为条件。没有达到均衡价格时，不会成交，只有价格均衡了，才可能进行交易。

然而，市场均衡只是一种假设，现实世界则是非均衡的。现实社会中的实际情况往往是在市场不完善和价格不能起到自行调整供求的作用的条件下，各种经济力量将会根据各自的具体情况而被调整到彼此相适应的位置上，并在这个位置上达到均衡。显然，非均衡所达到的均衡，并非市场完善前提下的均衡，而是市场不完善条件下的均衡；并非与零失业率或零通胀率同时存在的均衡，而是伴随着失业或通胀的均衡。这就是经济学中非均衡的含义。非均衡是指在不存在完善的市场、不存在灵敏的价格体系的条件下所达到的均衡。因此，非均衡又被称为非瓦尔拉均衡。根据西方经济学的分析，造成非均衡的原因主要有以下几点：市场因为有垄断势力的存在而是不完善的，

价格因有预期因素的作用或信息不对称而并非灵活调整的，资源配置从而呈现低效率状态。

厉以宁对西方经济学中的非均衡理论进行了系统的研究，在借鉴西方经济学家的研究成果，并参考匈牙利的科尔内等现代经济学家关于社会主义非均衡经济运行学说的基础上，结合中国的实际国情和经济体制改革的实践，创造性地提出了影响深远的"中国经济非均衡理论"，为中国的经济改革提供了理论指南。厉以宁提出了关于两类非均衡经济类型划分的思想，创立了更加符合中国国情的双重不均衡理论，从而真正创建了自己的非均衡理论体系。1990年，厉以宁在《非均衡的中国经济》一书中，围绕中国经济的非均衡性特征，从政府、企业、市场三者之间的关系分析了资源配置、产业结构、制度创新和经济波动等问题，深刻揭示了中国经济宏观和微观运行机制的特点，并探讨了以企业改革为中心，通过改革调整走出困境、实现发展的途径。

他对经济非均衡状态进行了理论分类，即分为第一类经济非均衡和第二类经济非均衡。第一类经济非均衡是指市场不完善、价格不灵活，超额需求或超额供给都是存在的，需求约束或供给约束都是存在的，但参与经济活动的微观市场主体却是自主经营、自负盈亏的独立的商品生产者，他们有投资机会和经营方式的自由选择权，自行承担投资风险和经营风险。第二类经济非均衡是指市场不完善、价格不灵活，超额需求或超额供给都是存在的，需求约束或供给约束都是存在的，但参与经济活动的微观市场主体并非自主经营、自负盈亏的独立的商品生产者，并非标准意义上的市场主体，他们没有投资机会和经营方式的自由选择权，也不自行承担投资风险和经营风险。在对经济非均衡做了两类区分之后，联系到现实社会中的不同经济制度，厉以宁指出："可以认为，资本主义经济中所出现的非均衡属于第一类经济非均衡，至于社会主义经济中出现的情况，则要区别对待。在传统的和双轨的经济体制下，由于企业并没有摆脱行政机构附属物的地位，所以这种非均衡属于第二类经济非均衡。因此必须进行经济体制改革，建立起新的经济体制，在这种新体制下，企业变成自主经营、自负盈亏、有投资和经营的自主权并相应地承担投资风险和经营风险的独立的商品生产者，那么这时的非均衡，就归于第一类经济非均衡。"

这是厉以宁立足中国国情，不唯书，不唯外，对非均衡理论的新发展，具有重大的理论和现实意义。厉以宁关于中国改革与发展的理论和思路都是以两类非均衡经济的划分作为立足点和基石的。在此基础上，厉以宁得出了两个重要结论：第一，中国经济属于第二类经济非均衡，即处于市场既不完善又缺乏真正的市场主体的状态，从这一国情出发，中国的经济体制改革不应当以放开价格为主线，而应当以产权改革为主线，通过企业的股份制改革，明晰产权，界定产权，培育出独立的、能够自负盈亏、自主经营、充满活力的微观经济主体和市场主体。第二，在企业进行股份制改革的基础上，完成第二类经济非均衡向第一类经济非均衡的转变，然后通过制度建设、市场完善，使我国由第一类经济非均衡逐步向经济均衡状态靠拢。

厉以宁在两类非均衡经济理论的基础上，又提出了我国经济体制双重转型理论。在传统的发展经济学中，经济转型是指从农业社会向工业社会转型。但我国在新中国成立之初选择的是计划经济体制，计划经济体制并未让中国从农业社会顺利转型到工业社会，或者说转型还并未在计划经济体制条件下完成。因此，我国经济体制改革面临体制转型和发展转型双重转型问题。这两个转型的叠加，使得中国改革的难度系数倍增。如何处理、平衡二者的关系，事关中国改革的成败，是重要而紧迫的问题。厉以宁在深入思考的基础上，提出了以体制转型带动发展转型，以改革促发展的思路。他认为，在双重转型中，必须把产权问题放在改革的首位。在计划经济体制下，产权模糊、投资主体不确定、投资方的权利义务不清晰是改革的主要障碍，也是发展的巨大阻力。因此，在体制转型中，产权改革是突破口，是主线；在发展转型中，产权界定和产权清晰是动力源泉。只有以产权改革为先导，才能解决社会发展的内生动力机制问题，所以国有企业的股份制改革势在必行。与此同时，也要鼓励发展民营经济，完善多种形式的所有制结构，让二者协同发展。而在国企改革以及鼓励民营经济发展的过程中，股份制改革是必然的且切实可行的途径。

厉以宁在20世纪80年代初至80年代末已经基本形成了完善的股份制改革理论体系。与此同时，厉以宁几乎走遍全国，下基层到工厂，访企业，问民意，不断为企业股份制改革奔走呼吁。他反复向人们宣讲，股份制姓社不姓资，它是现代企业的一种资本组织形式，是促进生产力发展的公有制的实现形式，有利于所有权与经营权的分离，有利于提高企业和资本的运作效率，资本主义可以用，社会主义也可以用。

1992年，邓小平视察南方，清风吹来满目春，改革的浪潮在全国再次汹涌澎湃、如火如荼。就在这一年，时任湖南省委书记熊清泉和省长陈邦柱请厉以宁老师推荐股份制改革人才，厉老师立即推荐了我。从这一年上半年起，我担任湖南省体改委副主任兼湖南省股份制改革领导小组副组长、湖南省证券监督管理委员会主任，开始了我进入证券行业的新征程。

我在湖南省从事全省股份制改革、推动证券市场规范发展工作期间，厉以宁老师几乎每一两年都要来湖南一次，鼓励支持我这个学生积极投身和推动股份制改革和证券市场发展工作。同时，厉老师以身作则、身体力行地呼吁和推动股份制改革，他不顾年事已高，穿越湘资沅澧四水，踏访洞庭鱼米茶乡，他曾到过"湘中意""湘火炬"等湖南省首批公开发行上市公司进行演讲，也曾和"三一重工""岳阳化工"等的一批民营企业家促膝交谈。有时他一天连走两个地市，做两场报告，不辞劳苦、不畏艰辛地宣传和推动股份制改革。

厉老师经常和我说，他关于经济改革的理论可以概括为三句话：（1）价格改革与所有制改革，其中，所有制改革是关键。他在写作《论加尔布雷斯的制度经济学说》和《二十世纪的英国经济："英国病"研

图3 2002年，厉以宁老师到他曾经下放劳动的湖北省江陵县滩桥镇调研、看望住户

究》时就把所有制问题放在了首要位置。1984年他在马鞍山市做的《关于城市经济学的几个问题》报告中，进一步论述了股份制是破解经济双重非均衡的关键，因而也是中国经济体制改革的关键。（2）与通货膨胀所带来的危害相比，失业所带来的危害更严重。（3）在稳定中求发展与在发展中求稳定相比，在发展中求稳定更现实。这三句话我记了一辈子，也影响了我一生。

改革开放40多年来，在党中央、国务院的正确领导下，我国企业股份制改革从试点到全面铺开，从星星之火到燎原之势，极大地激发了企业经济活力，推动我国经济体制改革一步一步地深入发展。

1984年7月，北京天桥百货商场在借鉴国外经验的基础上，结合国情，大胆选择了股份制公司与商品经济相联系的组织形式，进行股份制试点改造，开启了我国商业企业股份制改造的先河。这是全国第一家正式注册的商业股份制企业，也是全国第一家由国营企业转制为股份制企业，从此揭开了国有企业实行股份制改革的序幕。同年11月，由上海飞乐电声总厂、飞乐电声总厂三分厂、上海电子元件工业公司、中国工商银行上海市分行信托公司静安分部发起设立上海飞乐音响股份有限公司，向职工及社会公众发行股票。总股本为1万股，每股面值50元，共筹集50万元股金。1985年，经中国人民银行上海市分行批准，上海延中实业有限公司于2月17日由中国工商银行上海静安信托分部代理向社会公开发行股票10万股，每股面值50元，资本总额为500万元。上海飞乐音响股份有限公司、上海延中实业有限公司成为改革开放后

图4　厉以宁在学生黄湘平的《降低证券交易印花税的建议》人大提案上进行联合签名

最先公开发行股票的股份制企业。

1986年4月，厉以宁在北京大学科学讨论会上做了《改革的基本思路》报告，提出所有制改革是我国经济体制改革的关键。他认为经济改革的失败可能是由于价格改革的失败，但经济改革的成功并不取决于价格改革，而取决于所有制改革，也就是企业体制改革。这是因为价格改革主要是创造一个适宜于竞争发展的环境，而所有制改革或企业体制改革才真正涉及利益、责任、刺激、动力等问题。1986年9月，厉以宁在《人民日报》上发表了《我国所有制改革的设想》，提出经济改革最好的手段便是利用股份制的形式来改造现有的国有企业、改造现有的大集体企业。

1986年12月，国务院发布《关于深化企业改革增强企业活力的若干规定》，允许各地可以选择少数国有企业进行股份制改革，再一次掀起了企业改革的浪潮。部分省市对企业组织机制进行了各种改革探索。这些探索主要包括股份制、租赁制、资产经营责任制和承包经营责任制。厉以宁明确指出，承包制在实践中必然会产生诸如政企不分、企业行为短期化等弊端，在承包制存在的种种弊端中，政企不分是最根本的问题。解决这个问题的最有力的一个途径是实行股份制这种规范的企业组织形式。股份制有利于企业资产明晰化、主体化，财产归属关系明确，有利于调动各方面的积极性。1992年邓小平南方谈话发表以后，人们进一步解放了思想，股份制改革成为企业改革的主流。国务院转发了国家体改委等单位制定的《股份制企业试点办法》，以此为上位法律，国家体改委制定并下发了《股份有限公司规范意见》《有限责任公司规范意见》，从而揭开了我国规范化股份制试点的序幕。经过多年的试点实践探索，我国于1993年由全国人大常委会制定了《公司法》，并于1994年7月1日起正式实施，从此以《公司法》为基本法律对我国股份制公司的组织设立和运作模式做了全面系统的规定，从而结束了我国股份制试点的历史，开启了我国建立现代企业制度的新阶段。

股份制和资本市场是相生相伴的孪生兄弟。企业股份制改革必然催生证券市场，而证券市场也必然为

企业股份制改革以及现代企业制度建设注入源源不断的动力。厉以宁在推动企业股份制改革研究和实践推广的同时，高屋建瓴地对我国资本市场的规范发展做了许多前瞻性研究，提出了许多实际可操作方案，为我国资本市场的建立、规范运作、法治化建设做出了卓有成效的贡献。

改革所有制的实现形式，在宏观上建立资本市场多元化的所有制结构

厉以宁认为所有制改革归根结底是由商品经济发展的要求引起的，是由企业作为商品生产者这一不可改变的地位引起的。单一的所有制不利于发展商品经济，不利于发挥企业作为商品生产者的积极性，也不符合资本市场的要求。因此，股份制改革后，必然要建立与资本市场要求相一致的、多种所有制共同构成的新的社会主义所有制体系。从生产资料的所有权归属来看，这是一个以社会主义公有制为主体的，包括为社会主义经济服务的各种非公有制在内的所有制体系，公有制企业包括全民所有制企业、混合经济型企业、合作企业，非公有制企业包括个体企业、外资企业、中外合资企业。从所有制结构看，将存在二元经济模式：一方面是几百家最大的企业，它们通过层层控股，形成母公司、子公司、分公司系统，形成社会主义的企业财团。它们将决定我国工业化的方向、技术进步的方向；它们拥有自己的科研队伍，从事尖端和应用研究；它们制定自己的长期发展战略方针，通过跨部门、跨地区的生产经营，促进生产资源的有效配置，加速边远地区不发达地区的开发；它们还将进入国际市场，参与国际竞争。另一方面是几十万家甚至几百万家小企业，包括合作、个体、私营、混合所有制的小企业，它们形成紧密的协作网，同时又处在相互竞争当中。它们将着重解决农村劳动力的转移、农副产品加工、农村居民收入水平的提高、小城镇建设、城乡居民生活服务等方面的问题；它们将在改变我国农村面貌、小城镇面貌方面起到重要作用。这种二元经济的两个不同部分，将各自按照自己的运动规律向前发展，但这两部分不是封闭的，而是开放式的，彼此通过多种渠道的经济技术协作和交流，各自发展壮大，二者可以长期并存和互补。

建立新的生产组织形式和生产管理体制，优化资本市场主体上市公司的法人治理结构

厉以宁认为所有制的核心是生产资料所有权的归属，但把所有制理解为生产资料所有权的归属，仅仅是对所有制的狭义理解，对所有制的广义理解是，除了生产资料所有权的归属外，还包括生产组织的形式和生产管理体制等。因此，公有制改善不仅涉及生产资料所有权的归属在改善前后的变化，而且也涉及生产组织的形式和生产管理体制在改善前后的变化，由此所建立的新的社会主义所有制，就是指新的生产资料所有权的归属、新的生产组织形式和新的生产管理体制。

中国的国有企业当初是按照计划经济体制的要求建立的，它们的生产经营和管理模式都与计划经济紧密联系在一起。没有原来的国有企业，就没有计划经

济体制，而没有计划经济体制，也就没有原来的国有企业。原来的国有企业的基本特征是政企不分，产权不明，不自主经营，不自负盈亏。正因为如此，这些企业既缺乏自我约束的机制又缺乏自我成长的能力。多年来，正是这种政企不分、产权不明、不自主经营、不自负盈亏的国有企业构成了社会主义计划经济体制的微观基础。正因为政企不分的国有企业是我国经济的微观基础，所以要改革就必须从改变国有企业的治理结构开始。

厉以宁专门探讨了企业法人治理结构问题，认为国有企业应当制定较为完善的企业（公司）章程。章程中应体现出独立核算、自负盈亏、对外经济往来一律按照经济合同办事等内容。他主张在国有企业建立董事会及其领导下的厂长（经理）负责制，这一体系包括股东大会和董事会、政府董事、企业董事、非股权董事、厂长的职责。其中，股东大会是股份制企业的最高权力机构，由股东大会选举董事和监事，成立董事会、监事会，对企业的业务方针和重大问题进行决策和监督，并向股东大会负责。政府董事代表国家股份的利益，企业董事代表本企业的利益，非股权董事（独立董事）代表职工和社会入股者的利益，有助于董事会在决策过程中广泛听取意见。

现在，这些现代化的公司治理结构已经为我们所熟知，但是在20世纪80年代，要在国有企业中改造建立起现代化的企业制度，厉以宁提出的这一整套治理方案，对习惯于传统企业治理模式的人来说，是一场革命性的重大转变，面临着巨大的挑战。这些理论对我国建立现代企业制度、优化公司治理结构，起到了积极的指导作用。

改革国有资本管理体制，提高资本市场资源配置效率

随着经济的发展和改革的深入，原来的国有资本体制的弊端越来越明显，厉以宁呼吁要对国有资本体制进行重大的实质性的改革，因为国有资本体制改革的滞后必将阻碍整个经济改革的进展，也必将延缓国民经济的发展。

厉以宁对国有资本改革的设计是分为两个层次来进行的，他在《中国经济的双重转型之路》一书中提出，国有资本体制分为两个层次：第一层次是国有资本配置体制；第二层次是国有资本管理体制。这两个不同层次的体制及其改革，不能混为一谈。国有资本配置体制，旨在提高国有资本的配置效率；国有资本管理体制，旨在提高调动国有企业的积极性。

厉以宁提出成立国有股份资产管理局。他在1986年成稿、1987年出版的《经济体制改革的探索》一书中写到："应当成立国有股份资产管理局（或称国家持股公司、国家投资公司）管理政府股份及其增减。"政府股份可以分为中央政府的股份和地方各级政府的股份，相应地，国有股份资产管理也分为中央、省、市、县各级，它们之间不是垂直领导关系，中央一级的可以成为中央国有股份资产管理局，直属国务院，省、市、县的分别成为某某省、市、县国有资产管理局，隶属于省、市、县政府。各级国有资产管理局管

理政府股份，根据股权派出政府董事，如果企业资金存量股份化以后，一个企业中既有中央政府的股份，又有地方政府的股份，并且都可以根据股权派出董事的话，那么各级国有股份资产管理局派出自己的董事，即中央政府的董事、地方政府的董事，彼此之间没有领导与被领导的关系。政府股份不由原来的专业部、厅、局管理，这一点是十分重要的。由于企业法人地位的确立，政企已经分开，专业部、厅、局主要负责制定发展规划和政策、协调企业之间的关系、监督政策和法规的执行等，而不再过问股份制企业的事务，政府股份的管理和政府董事的派出，都是国有股份资产管理局的职责，而国有股份资产管理局也不具体干预企业的事务，但它们通过对股权的掌握和派出政府董事，来影响企业的经济决策和经济活动。2003年4月6日，国务院国有资产监督管理委员会（国资委）正式挂牌成立。国有企业和国有资产的监管方式终于完成了转变。国资委成立后，在建立健全国资监管体系、推进国有企业改革发展、推动国有经济布局结构战略性调整方面起到了重要作用。

厉以宁还提出成立国家投资基金公司。厉以宁完成了国企所有制改革以及国企管理体制改革理论之后，在2013年又将国有资本的改革理论进行了深化，从国有资本配置的角度进一步提出了改革措施。国有资本配置体制改革的目标是强化国资委对国有资本的配置权，而不再主管一个个国有企业。国资委只管国有资本的配置，负责国有资本的保值增值，也就是负责国有资本配置效率的提高。具体来说就是国资委可以设置按行业划分的国家投资基金公司，国有股份划归国家投资基金公司持有，由国家投资基金公司派出董事会成员，形成如下体制：国资委—国家投资基金公司—国有企业。国家投资基金公司负责对国有企业的资产负债状况进行清理，对国企的经营状况进行核实，之后负责对国有企业资本运营进行考核。国家投资基金公司要从提高总体资源配置效率的角度，也就是经济结构合理性的角度来考虑国有资本从哪些行业退出，并进入继续增加投资的领域。对国家投资基金公司来说，既然其任务是提高国有资本的配置效率，让既定的国有资本有更为合理的配置，从而达到优化投资结构的目的，所以国家投资基金公司唯有考虑全局，才能落实优化投资结构的任务，既保证新兴产业的发展状况，又保证经济增长质量的提高。

合理布局和建立证券交易所，逐步完善我国多层次资本市场体系

厉以宁认为股份制改革的持续推进必然要求建立股份流通交易场所，二者是紧密联系在一起的，它们之间有着互为前提和互相促进的作用。厉以宁指出股票投资是一种长期投资，长期资金短期化，有利于投资者入股。股份制作为一种资本组织形式，最早被乡镇企业所采用，群众入股集资，但入股后不能退股，只能转让，但股份的转让需要有场所，有流通的渠道，有交易平台，但当时根本没有这种规范的股票交易场所，所以在一些农贸市场甚至街头都有摆摊买卖乡镇企业股票的。不规范的证券交易有各种弊病，特

别是会造成行骗和非法集资等现象，投资人的利益无法得到保护，这些交易后来被逐步取缔，但如果股票不能流通和交易，就会影响人们投资入股的积极性，成立正规的股票交易所，是股份制改革的内在和必然的要求。

他在1987年出版的《经济体制改革的探索》一书中提出："在股份经济发展的过程中，证券交易所问题必然会提到议事日程上来。在试点进行企业股份制的阶段，由于条件不具备，可以不急于建立证券交易所，时机一旦成熟，就有必要建立证券交易所，这样才有利于股票买卖，有利于资金的合理流动，有利于开展竞争，以促使有前途的企业健康发展。因此，从发展趋势来看，成立证券交易所是必然的，只是早晚问题。"中国的经济体制改革进程也证明了这一点。3年后，1990年12月党的十三届七中全会决定"逐步扩大债券和股票的发行，在有条件的大城市建立和完善证券交易所并形成规范的交易制度"。1990年11月26日，改革开放后的第一家证券交易所——上海证券交易所成立；12月1日，深圳证券交易所成立。这标志着中国资本市场在市场体制建设上迈出了坚实的一步，有着非常重大的意义。

从经济学上讲，第二次世界大战以后，经济学中出现了生产效率和资源配置效率两种经济学效率概念。而资源配置效率其实比生产效率更重要。生产效率是从微观经济的角度进行分析，一个企业需要通过技术创新和加强管理，来不断提高生产效率。但从社会的宏观角度来看，资源配置效率的提高更为重要。在计划经济体制下，中国的资源配置是指令式的，企业作为行政部门的附属物，按上级主管机构的指令进行生产，资源按照上级主管机构指定的配额分配。配额不仅排斥了竞争，排斥了选择，而且还大大限制了生产要素的流动与重新组合，所以资源配置效率不高。在市场经济体制下，企业作为市场主体，根据市场需要进行生产，按照市场供求规律和供求情况来配置资源和重新组合资源，生产要素的流动性大，市场主体的选择性也大，就可以更加优化合理地配置资源。资本市场作为市场经济的重要组成部分，在资源优化配置和经济结构调整上发挥着重要的作用。从增量上讲，资本市场鼓励符合条件的新兴产业企业上市，鼓励符合条件的产能短缺产业企业上市，或者使已经上市的这两类企业增资扩股。从存量上讲，可以通过企业并购重组，改造产能落后企业，支持通过技术进步而有较大市场潜力的企业上市或与上市公司合并。

厉以宁非常关注多层次资本市场建设。他在《中国股份制改革的回顾与前瞻》一文中讲到："一个多层次的、完善的资本市场体系，除了包括主板市场以外，还应当有中小板市场、创业板市场、未上市的股份制企业的场外交易市场等。完善的债券市场和证券期货市场也应包括在内。中国现阶段有必要及早着手多层次的、完善的资本市场体系的建设，汲取国外成熟的资本市场经验。股份制改革的推进与此密切相关。"厉以宁认为，中国的民营企业大部分为家族企业，家族经营制在企业规模不大时能够发挥积极

作用，但规模扩大以后，改制为股份制是一种明智选择。如果资本市场是多层次的，那么企业根据自身的实际情况，可以在主板市场、中小板市场、创业板市场和未上市的股份制企业的场外交易市场中做出选择，多层次的、完善的资本市场体系的建设将大大促进民营企业的发展。同时，民间资本也将被充分地调动起来，它们将源源不断地进入各个层次的资本市场，实现金融资源的有效配置。直接融资的比重将会迅速上升，从而改变中国经济发展中历来偏重于或大部分依赖于银行间接融资的现实。产业结构的调整、经济增长方式的转变，经济增长质量的提高，将因资本市场体系的多层次和完善而加快速度。这一切都有利于国民经济又好又快地发展，有利于社会经济的可持续发展。新三板市场的发展和地方股权交易中心的规范和建设，以及2019年科创板的顺利推出，都证明了厉以宁理论的前瞻性和正确性。

厉以宁指出资本市场必须进行技术创新。他认为新经济就是技术创新加上资本市场，而且技术创新和资本市场紧密结合在一起，二者不能分开。产业的发展离不开金融市场的支持，银行体系很好地支持了我国传统的以工业制造业为主的经济发展，因为中国之前一直处于短缺经济状态，工业制造业主要是学习欧美，银行比较容易看清楚这些企业未来的发展情况，并且传统制造业企业有土地、厂房车间做抵押，可以减少银行信贷的风险。但新经济的发展千变万化，都是依靠人力资本和技术创新，既没有担保抵押品，也没有明确的发展预期，银行很难为此类企业提供金融支持，这就需要资本市场发挥作用，需要风险投资、创业投资发挥作用。因此，新经济只有技术创新而没有金融支持，成不了气候，必须与资本市场紧密结合、共同发展。厉以宁在2008年时讲到："一些高校毕业生或科技人员很可能走上创业的道路，自行创办企业。他们有自行创办企业的热情，也可能有科技方面的研究成果，并且还能吸引创业投资公司或创业投资基金的关注和资本投入，这必然需要多层次的、完善的资本市场体系作为他们的活动平台。"此次中美经贸摩擦中，美国对华为、中兴的制裁，以及对"中国制造2025"的打压，让我们看到了缺乏自主创新能力、在关键技术上被人卡脖子，对于一个大国来说是多么危险的事情。所以痛定思痛，必须要下决心解决科技研发问题，而科技研发也必须走产学研一体化的道路。中国有无数的科技类的创新企业，但是融资难一直是制约它们发展的重大障碍，因为这类企业大部分为轻资产公司，没有抵押担保措施，银行贷款难，这类企业更适合引入风险投资，可这类企业根据目前A股IPO的标准很可能几年都无法上市，没有退出渠道，风投也不愿意投资。这个问题由来已久，但由于A股市场的问题错综复杂，一直未能得到有效解决。2019年上海证券交易所科创板改革并试点注册制、2020年深圳证券交易所创业板改革并试点注册制，是我国资本市场改革的重大突破，其中非常重要的一个目的就是支持科技类的创新企业，尤其是具有重大影响和战略意义的科技类企业上市融资，创造出一种制度和环境来鼓励和支持技术创新企业，支持它们的科技研发、做大做强，这也是国家创新驱动发展的战略要求。

充分发挥资本市场并购重组功能，建立和支持混合所有制经济发展

混合所有制这个名词，是在1997年召开的党的十五大上提出来的。党的十六届三中全会通过的《中共中央关于完善社会主义市场经济体制若干问题的决定》中对混合所有制经济有了更加明确的论述，强调要大力发展国有资本、集体资本和非公有资本等参股的混合所有制经济，实现投资主体的多元化，使股份制成为公有制的主要实现形式。2013年党的十八届三中全会的决定，对社会主义经济理论中有关混合所有制经济的地位、性质和作用进一步做出明确的规定。党的十八大以来，在以习近平同志为核心的党中央领导下，国有企业混合所有制改革步伐进一步加快。中央将国有企业分为商业类和公益类，实行分类改革：以管资本为主加强国有资本监管，依法依规建立和完善出资人监管权力和责任清单，完善公司法人治理结构；明确提出国有资本、集体资本、非公有资本等交叉持股、相互融合的混合所有制经济是我国基本经济制度的重要实现形式。既鼓励国有经济走向混合所有制经济，又鼓励非公有经济走向混合所有制经济。这是中国特色社会主义经济理论的重大创新。党的十九大报告进一步强调，深化国有企业改革，发展混合所有制经济，培育具有全球竞争力的世界一流企业。

1987年，厉以宁在《社会主义所有制体系的探索》一文中也对此做了详尽的研究，指出企业生产资料所有权也可以不是单一的，而是由全民、集体和个体按照多种方式交叉、渗透而形成的混合性质的。在这种混合性质的所有制中，全民所有、集体所有、个体所有相互渗和，你中有我，我中有你。即使不实现企业的股份制，只要允许不同所有制的企业联合经营，也可以产生一些混合经济型的企业。企业股份制的结果将导致混合经济型企业的大量出现，社会主义社会中的混合经济型企业的性质应当如何确定呢？厉以宁认为，如果原来的全民所有制或原来的集体所有制以入股集资形成新增资金，并能在混合经济型企业掌握企业经营管理权的话，这样的混合经济型企业无疑仍是公有制企业。如果一个企业是新办的，其资金来自股票发行，而购买股票的，既有各种企业又有个人，那这样的混合经济型企业，是一种新的经济联合体，是传统的全民、集体所有制之外的一种新的公有制形式。这种经济组织形式既体现了劳动者群体作为生产资料的主人这一特征，又有利于加强企业的活力，使企业成为独立的自主经营、自负盈亏的商品生产者。所有制的多元化和混合所有制的形成，既和我国现阶段劳动的性质有关，也与我国当时的生产力水平有关。企业中劳动者的劳动存在着质与量的差异，他们会用个人利益的眼光去看待自己的劳动及其劳动成果，企业之间也存在着劳动条件的差异，这也会导致企业间经营成果和经济效益的差别，而混合所有制可

以使企业和员工从利益关系上将自己同生产经营成果统一起来。

注重经济改革理论向改革政策的转化，推动资本市场从"靓女先嫁"到股权分置改革

把股份制改革的思路付诸实施远不是那么简单。在改革开放初期，有不少人认为，股份制改革就是私有化，就是把新中国成立 30 多年来所建立和发展起来的国有企业变为私有企业。他们认为，小企业特别是一般轻工业企业可以走股份制的道路，因为它们是小企业，国有企业特别是国有大型企业则不能改制为股份制企业。

国有大型企业的股份制改革在当时确实有许多理论与改革实践操作上的困难。于是，本着先易后难、化难为易的思路，厉以宁在 1987 年出版的《经济体制改革的探索》一书中创造性地提出"存量不动、增量先行"的做法，他把这一做法称作"靓女先嫁"。他为国有大中型企业设计了按两个阶段进行的股份化改革方案，即前一阶段是资金增量的股份化，即新创办的企业按照股份集资方式建立起来，原有企业扩大时采取发行股票集资的方式；后一阶段是资金存量的股份化，即原有企业的固定资产核定价值，折成股份，使原有企业变成真正的股份企业。这样，国有大型企业终于走上了股份制改革的道路。"存量不动、增量先行"的做法虽然为股份制改革开辟了通道，但也带来了新的问题，即在国有大型企业的股份构成中，非流通股所占比重过大，即人们所说的存量过大。这样一来，即使国有大型企业成为上市公司，股东会也开不起来，董事会上只有一种声音，即绝对控股的国有大型企业的声音。在证券市场上，有些散户买了上市国有大型企业发行的股票，但散户的股票起不了任何作用。换句话说，上市的国有大型企业只取得了融资，但由于非流通股数额巨大，企业的运行机制没有改变，依然活力不足。

1998 年《证券法》通过后，股份制的第二次改革就接着展开了。这次改革的目的是把数额巨大的非流通股变为流通股，建立现代企业制度，按照"产权清晰、权责明确、政企分开、管理科学"的要求，对国有大中型企业实行规范的公司制改革，使企业成为适应资本市场的法人实体和竞争主体。具体做法是：非流通股持有者给流通股持有者一定补偿；国家按投入企业的资本额享有所有者权益，对企业的债务承担有限责任，企业依法自主经营、自负盈亏；除极少数必须由国家独资经营的企业外，积极推行股份制，发展混合所有制经济。

为什么要在非流通股上市前给流通股持有者一定补偿？这是因为，当初国有大型企业上市时，在招股说明书上曾做过非流通股暂不上市的承诺。这等于是一种"要约"，必须遵守。现在非流通股要上市了，违背了当初的承诺，所以要取得流通股持有者的谅解，给予补偿是合情合理的。至于给每个流通股持有人多少补偿，则由市场根据上市企业的效益好坏来决定。中国股份制的第二次改革即股权分置改革终于

成功。

厉以宁认为,"经济体制改革基本思路的提出,只是表述了一种对于经济体制改革前进方向的思考,具有浓厚的理论探讨性质,属于规范性质。根据这种思路,我们可以对经济体制改革的走向和未来的前景有比较清晰的认识。但是理论性和规范性的思路同经济改革工作之间还有很长一段距离。经济改革的思路必须向经济改革政策转化,使它们体现在改革政策之中。经济改革的政策设计之所以必要,就在于规范性的研究应当同实证性的研究相结合。也就是说,通过经济改革思路的政策化,我们可以进一步了解到我们应当如何去做,怎样才能做得更好,才能把理论上的东西变成实际生活中的东西。""经济改革中所要推行的政策,不仅应当在理论上有依据,而且必须具有可行性,即具有易于操作和实施的性质。如果在理论上缺乏依据,那么它们将经不起检验,难以存在。如果在实施中不易操作,那么它们将无法被贯彻,最终仍不得不被其他的较为可行的政策所替代。由此可见,经济改革的政策设计的难度可能比经济改革基本思路提出的难度大得多。提出经济改革基本思路时,主要站在经济理论工作者的立场上来考虑问题,而在设计经济改革的政策体系时,主要应该站在经济实际工作者的立场上进行思考。"

正是厉以宁在上述理念和方法论上的思考,使得股份制改革理论既是一套完整的理论体系,又是一套可以对照操作的改革方案,并且给出了改革方案的路线图。这是一套理论和实践相结合的完整的理论体系。

主持《证券法》《证券投资基金法》制定工作,推动我国资本市场法治化进程

邓小平南方谈话以后,第七届全国人大常委会委员长万里同志提议制定《证券法》。1992年,全国人大《证券法》起草小组成立,厉以宁担任《证券法》起草小组组长。1993年第八届全国人大第一次会议后,厉以宁担任财经委员会副主任,继续负责《证券法》起草工作。《证券法》起草前后长达七年,最终在1998年12月29日第九届全国人大第六次常委会会议上通过。《证券法》的出台是中国社会主义市场经济发展中的一件大事,标志着中国证券市场法制建设进入了新的阶段,是证券市场发展过程中的重要里程碑。1993年,全国人大常委会还颁布了《公司法》,并自1994年7月1日起实施,首次以基本法律的形式对我国股份制公司的组织设立和运作做了全面系统的规定,结束了我国股份制试点的历史。2003年10月,第十届全国人大常委会第五次会议表决通过了《证券投资基金法》,并自2004年6月1日起正式实施。《证券投资基金法》充分吸收国际成熟市场制度经验,通过证券市场进一步扩大直接融资规模,带动社会和民间投资,有效扩大内需,促进经济持续较快增长目标的实现。资本市场和货币市场的协调发展,有利于完善金融市场结构,增强我国金融体系抵御风险的能力。

股份制改革为我国打造和培育了资本市场的主体，极大地推动了经济体制转型的顺利推进和经济发展，在提高资源配置、产业升级、技术突破方面都做出了巨大的贡献。股份制改革的成功，展现了从实践突破到认识突破再到新的实践突破和新的认识突破，并不断循环往复达到新的实践和认识高度的历史逻辑。它说明，坚持把马克思主义基本原理同中国具体实际结合起来，坚持解放思想、实事求是，就能找到改革的正确方向，就能解放和发展社会生产力。股份制改革的成功，用实践证明了社会主义制度和市场经济能够成功结合，建立起现代企业制度的国有企业能够很好地适应市场竞争环境，在同其他市场主体的竞争与合作中焕发活力、做大做强，我国资本市场建设也必将进一步规范发展，为把我国建成社会主义现代化强国，实现中华民族伟大复兴的中国梦做出新的贡献！

斗转星移，时间到了2017年。这时厉老师已届87岁高龄，我也已退休多年。厉老师又盛情邀请我一起再访湖南。厉老师不辞辛苦，有时甚至坐着轮椅，在湖南省长沙市、株洲市和张家界市讲学调研，与企业家座谈。他仿佛又回到20世纪80年代那个火热的改革时代，每次讲课仍然像当年一样，不要一纸底稿，一讲就是一个半小时，激情澎湃，逻辑清晰，思维敏捷。我印象最深刻的不是老师讲的"结构比总量更重要""供给侧结构性改革和发展方式的转变"等改革理论，而是他讲的经济学观念的改变：从古典学派、新古典学派的"经济人"假设到20世纪50年

图5　2017年，笔者和厉以宁夫妇在湖南长沙橘子洲头合影

代诺贝尔经济学奖获得者西蒙的"社会人"原则，科学地诠释了当今现实社会中的"扶贫""共享""共赢"等新的经济现象和经济学原理。和厉老师相识相交40年，老师的探索、实践和教诲，让我这个学生受益终身！

"挥毫当得江山助，不到潇湘岂有诗。"三年前我陪同厉老师再走三湘四水，拜谒了位于罗霄山脉、洣水河畔株洲市炎陵县的炎帝陵，当时即兴赋诗一首，今记之以贺恩师九十高寿，感恩老师，并敬祝老师安康，继续为中国发展和腾飞传播思想、贡献智慧！

七 古
——陪厉以宁教授祭拜炎帝陵

丁酉仲夏谒帝陵，承恩雨露老祖宗。

巍巍罗霄齐拱手，滔滔洣水报佳音。

尝遍百草为民苦，日中设市济苍生。

开天辟地人间变，华夏儿女颂神农。

（照片提供：黄湘平）

■ 作者简介

黄湘平，历任湖南省人大常委会办公厅处长、研究室主任、法制工作委员会副主任；湖南省体制改革委员会副主任；湖南省证券管理委员会副主任、主任；中国证监会武汉证管办主任兼党委书记、武汉稽查局局长，中国证监会湖北监管局局长兼党委书记；中国证券业协会党委副书记、副会长，中国证券业协会党委书记、会长。

风云笔谈

激情燃烧的岁月
——忆 1990 年 12 月的中国证券市场

谢荣兴

今年是上海证券交易所开业30周年。30年前，上海证券交易所的开业书写了中国资本市场发展历史性的一页，证券市场的繁荣对中国经济发展起到了重要的助推作用，对中国经济发展功不可没。

1990年12月发生的一系列故事，至今仍历历在目，我不由地对那段激情燃烧的岁月感慨万千。

朱镕基第一次视察证券营业部和上海证券交易所

1990年12月3日上午9时30分左右，时任上海市委书记、市长朱镕基，副市长黄菊、庄晓天及中国人民银行上海分行副行长罗时林等领导前来考察我所在的万国证券黄浦营业部。

我提前一个小时得到朱镕基等领导同志要来的消息，心里还真有点担忧，因为当时市场不好，股市天天下跌，很少有成交量，不知股民是否会有情绪。当朱镕基同志一行到达后，轿车停在离黄浦营业部门口二十米左右的地方，广东路上广大股民在非常拥挤的情况下让出一条通道。我带头鼓掌，大家用热烈的掌声夹道欢迎。接待朱市长的地方是黄浦营业部办公室阁楼下15平方米的接待室，当时没有随行记者。在万国证券总经理管金生汇报完后，朱市长既严肃又认真地讲："这（指股票买卖）是有风险的事，要跟老百姓讲清楚风险。"

汇报结束后，朱市长一行参观了营业部柜台，大厅内客户纷纷鼓掌致意。突然，有一个人掮着一台摄像机，"噔"地跳到大厅柜台的大理石台面上，对着朱市长一行进行拍摄。此人是一位"老外"，事后才知道是美国有线电视台（CNN）的记者，慕名前来采访黄浦营业部门口的马路股市沙龙，正巧赶上了这么好的机会。朱市长此次考察并未通知新闻媒体，黄浦营业部也是朱镕基唯一视察过的证券经营机构，竟被"老外"喧宾夺主，当时我心里很紧张，正想上去阻挡一下，想不到颇具风度的朱市长满脸笑容地面向镜头，并挥手致意。朱市长视察营业部的画面通过美国CNN传递到了世界，也向世界传递了中国致力于改革开放的信号。

当朱市长一行走到大厅时，一位客户拿着一张"小飞乐"股票请朱市长签名，随行人员出来阻拦。我立即上前向朱市长解释道："他是我这里的客户，您放心，帮他签一下吧。"朱市长欣然同意，在那张"小飞乐"股票上签下了"朱镕基"三个字。此客户名叫赵善荣，他听闻朱市长要来考察的消息后曾找我帮忙，想请朱市长签名。我告诉他可以等朱市长参观营业大厅时试试看，结果就发生了这一幕。可惜的是，1991年9月上海证券交易所开始将股票转为无纸化的电脑登记，赵善荣不得不将这张意义重大的朱镕基签名股票送进了交易所登记公司。

朱市长一行离开黄浦营业部后，直接驱车前去上海证券交易所考察，这也是朱镕基第一次考察开业前的上海证券交易所。

全国最早的证券从业资格证书

1990年12月11日，我取得了新中国第一批证券从业资格证——盖有"上海证券交易所"红印的"场内交易员"资格证书，也称为"红马甲"资格证书。

场内交易员培训班于1990年11月27日在上海南市区小东门的一个会场举办，为时五天。开班第一天由尉文渊授课。尉文渊讲到交易所席位费时提到，我国香港地区最初席位费为8万元，现在涨至80万元，美国也从几万元涨到了100万元。交易所的建制形式为会员制，不是政府机构，实行自律管理，只吸收法人会员，不以营利为目的。尉文渊讲的最重要的一句话是"上海证券交易所立足上海，面向全国，目标是成为全国的证券交易所"。这个目标成了尉文渊率领上海证券交易所积极创新、努力把市场做大、把直接融资做足的动力所在。

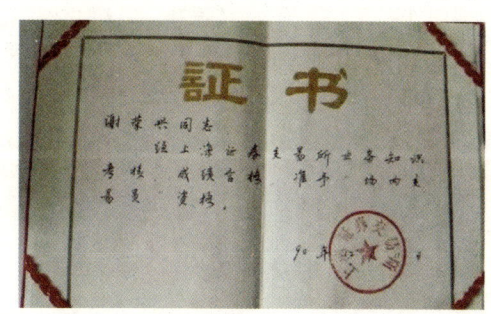

图1　谢荣兴的"红马甲"资格证书

图 2　上海证券交易所第一任总经理尉文渊在黄浦营业部门口的马路沙龙上与股民聊天

培训班的第二个授课老师是时任中国人民银行上海分行金管处副处长张宁，讲课要点包括：证券交易立法的依据是《民法通则》，适用的范围是上海市，适用于发行和交易行为，强调要以现货交易为限，规定交割期为四天，对企业上市要求有连续两年的注册会计师签证，必须盈利。张宁讲的适用范围是"上海市"，其背景是当时上海证券交易所在行政上归上海市政府管，由中国人民银行上海分行监管，交易会员只能是上海券商，或在上海注册的异地券商。在深圳证券交易所注册的券商就不能拥有上海证券交易所的席位。

这成为日后沪深两地从市场分割发展到沪深两地交易所竞争、两地政府竞相做多的根源。为此，我于1994年5月5日曾在《上海证券报》上呼吁"要建立统一的更具权威性垂直领导的证券监管机构"。

1997年，由于沪深两地交易所和地方政府直接参与，券商和银行违规操纵市场，监管部门连续发布了俗称"12道金牌"的12项监管政策，《人民日报》也刊发了特约评论员文章。后来监管部门对直接责任人做了处罚，沪深两地交易所被收归中国证监会直接管理，交易印花税上调，绝大部分作为国税上缴中央。

迎接上海证券交易所开业，申华实业增发股票

1990年12月13日，万国证券公布，将在18日也就是上海证券交易所开业前一天增发400万元申华实业股票，为上海证券交易所开业增加筹码，营造气

氛。万国证券的三个营业部，分别在人民广场、普陀区体育馆和徐汇区体育场发放增发申华实业股票的预约单。黄浦营业部选的是人民广场，将人民广场派出所外墙区域作为发放点，虽然有公安和专职保安人员维持秩序，但仍挤得水泄不通，最终到18日凌晨才完成预约单的发放工作。当时，上海电视台、浙江电视台、日本NHK电视台等电视媒体和中央级以及上海、浙江、香港等平面媒体都见证了这一疯狂的场面。

普陀区体育馆的销售点同样是人山人海，当事人陈荣（现为上海中路集团董事长）17日一大早就开始排队，刚开始排在第40位左右，到下午时因许多人插队变成400来号，到傍晚6点大批上班族下班后赶到，他更被挤到后面，数千人把整条马路堵得水泄不通。当天，上海是阴雨天气，特别寒冷。人多天寒，为预防不测，普陀营业部临时决定将原定第二天开始发放的预约单改为17日当晚发放。晚上8点多钟，销售点的铁栅栏大门一打开，潮水般的人群冲向发放处。穿着制服维持秩序的人双手紧抓铁栅栏，不停大呼："不要拥挤，不要拥挤，注意安全！"尽管排了一天队，经历了疯狂场面，陈荣仍然空手而归，没有实现了买原始股的梦。

分析沪深两地股市走势的"股评文章"

1990年12月18日，上海证券交易所开业的前一天，我在上海《新闻报》上发表了一篇题为《上海证

图3 《新闻报》1993年2月28日关于万国证券黄浦营业部的报道

券交易所开业后股市预测》的文章，文章结合深圳股票市场的情况，指出深市未来的走向，又重点谈了上海证券交易所开业后上海股市的走势，是当时少有的同时分析沪深两地股市走势的"股评文章"。

当时上海刊登股市分析文章的报纸只有《新闻报》一家，且一周只有两期《证券市场专栏》，开业前一天的文章影响自然很大，全上海做股票的，或想了解上海证券交易所开业后股市走势的人，应该都很

关注这篇文章。

上海证交所开业后股市预测

如果说上海证交所成立是搭起了更大的股市舞台的话，那么现在是揭幕前的宁静，好戏就要开场。

即将开业的上海证交所就是今后上海股市行情看好的曙光。主要表现在四个方面。

1. 由于采用竞价买卖方式，必然打破之前的有行无市，从根本上取消场外交易。这就为大众投资者，包括那些初涉股市的工薪收入者、小额散户投资者或有相当资金的合法投资者，提供了公平竞争机会。随着相当一批上海小额散户投资者的涉足，深圳的中小投资者将不断介入，香港、台湾投资者也将会参与。

2. 深圳股市已临近股价接力赛的"最后一棒"，黑市交易已不复存在，场内交易量骤增。为分散风险，那些在深圳股市不赚"最后一块钱"的投资者，预计会抽出一部分资金投入价格较便宜的上海股市。深圳大户趁竞价交易，颇有"杀回马枪"之势。

3. 一部分新股票将随着交易所的开业而发行，一级市场的活跃也将带动老股票价格的上扬。这是因为，新企业发股票只是发行，不能上市。老企业发股票是在现有基础上的资产评估，一般会溢价发行。

4. 上海证交所开业将有一批本市和外省市的信托、保险等金融机构会员进场，这些实力雄厚的团体投资者，将是今后股市的"稳定力量"。但当时均不持有股票，因此或作为"筹码"，或作为"投资"，均具有相当的吸购能力，开盘后以较高的价位抢先"吃进"一批，作为现阶段的经营策略不失为超前意识。

据此，我对股市开业后一个月的股价持乐观态度，但究竟如何发展，关键要看上海证交所对交易价格、数量限制的程度。

12月19日后，上海股市一路暴涨，深圳股市连续暴跌10个月，完全印证了我的预测。我所在的黄浦营业部是全国第一家接受异地委托代理的机构。自1991年5月16日开始，我打通沪深两地市场的分割，异地代理深圳股票买卖将近一年半。用一根传真电话线，N个自己编的上万人的"拖拉机"账户（二级清算账户），在相当长时间占据着整个深市大多数的买盘，带动上海、江苏、浙江投资者抄了深圳的大底，盈利颇丰。

接受交易委托"第一单"

1990年12月18日下午，我在营业大厅对股民们说："明天是上海证券交易所开业第一天，要买股票的在这里排队登记。"人们一下子拥到了柜台前，第一位要求买入知名度最高的真空电子，第二位申报买入的是热门股票延中实业，第三位就是17日晚上没有领到申华实业认购券的陈荣，他想大家都在抢热门股票，怎么会买得到呢？反正不管买到什么股票都能涨，于是买大家不熟悉的冷门股。陈荣一边拿出5000元钱，一边带着浓浓的南汇口音说："我买凤凰。"接单员陈忠琴在柜台操作的是上海的七只本地股，还不知道有一只外地股票浙江凤凰挂牌，因为这是在交易所开业前几天才决定的，于是陈忠琴脱口而出："喂，你买啥?这里是卖股票,不是卖(凤凰)自行车。"

由于不了解浙江凤凰股票的面值、开盘基价,此前没有交易过,所以陈荣的委托单没有写股数,只写了买浙江凤凰5000元。12月19日下午5点,陈荣见到上海《新民晚报》登出一则新闻:"上交所首日,……浙江凤凰也成交了5000元。"20日一早,陈荣花了近4个小时从上海郊区南汇到市区营业部,确认他买到了10股浙江凤凰股票,而他真正拿到股票则等了将近一个月。

据浙江证券李训回忆,他是在12月19日上海证券交易所开业的这一天,让保安员用麻袋将浙江凤凰股票背进交易所的,上海证券交易所开市交易的第一只股票就是浙江凤凰。这可能是真的,因为从柜台接单时的情况看,浙江凤凰股票的交易可能根本就没进原定的交易系统,而且买入方万国证券是按市价委托,所以只要浙江证券"红马甲"说一声卖出,双方"红马甲"口头就成交。事实上成交的第一笔真空电子股票也是通过重新核查后才认定的,因此,浙江凤凰也许是双方"红马甲"先口头成交,然后在交易系统内补撮合的。

上海证券交易所开业,股市暴涨,调控"随机应变"

上海证券交易所开业这天,我们黄浦营业部门口升起了两个大气球,悬挂的红幅标语分别是"热烈庆祝上海证券交易所成立""万国黄浦欢迎你"。12月19日这一天,我们的营业大厅内外人气旺盛、人山

图4 万国黄浦的办公室在营业大厅的阁楼里,图为谢荣兴(左一)与张磊等人在办公室定稿《股市大哥大》

图6 浙江凤凰化工股份有限公司1989年发行的股票
（1股，面值100元）（中国证券博物馆馆藏）

入海。

我们非常期待上海证券交易所开业，因为当时在上海的股票柜台交易中，虽然万国证券和工商银行上海信托投资公司静安证券业务部旗鼓相当，但我们当时只负责小飞乐股票的过户，其余6只股票的过户都在静安证券业务部，因此别的营业部按当时的规定4天就能完成的过户手续，我们的客户一个月都无法完成，严重影响了交易，因此我们盼望能够集中清算、过户的上海证券交易所尽快开业。1990年12月19日，是中国股市历史性变革的一天。上海证券交易所的开业、"游戏规则"的改变，使过去因各个"柜台交易"的分散、不透明、交易成功率低等弊端得到改变。集中竞价对买卖双方都更为公正，交易规则中的"公开、公平、公正"原则，"价格优先，时间优先"原则，只有在交易所集中交易才真正成为可能。

相比于"柜台交易"，集中交易能提供巨大的市场容量，从而为大资金提供更好的用武之地，所以我预测那些所谓在市场上"有身份的人"、机构投资者会成为第一批买家，或者说第一批"炒家"，"吸货"、买入、持有将成为上海证券交易所开业后大资金的主导策略，单边买入、惜售、暴涨将成为上海证券交易所开业后的主旋律。

上海证券交易所开业第一周实行5%涨跌停板制度，真空电子的股价基本上以每日20元的涨幅上升。股价越是直线飙升，越是令诸多持股者更加惜售，许多人把冲击1990年夏秋之际黑市狂飙中所创下的天价作为股价的目标。

面对飞涨的股价，上海证券交易所总经理尉文渊坐不住了，开始不断修改交易规则，5%的涨跌停板制度仅实施一周，第二周即从12月27日起，股价涨跌停板幅度改为1%。

调低涨跌停板幅度看似是降温措施，其实不然。小步慢涨令投资者反而觉得安全，股票天天涨停，更助长了惜售情绪，新投资者入市更是络绎不绝，人气不减。从1991年1月7日起，上海证券交易所进一步把涨跌停板幅度调窄到0.5%，但市场交易更加疯狂，这叫"温水煮青蛙"，慢慢地涨，反而涨得麻木了。1991年1月14日，上海证券交易所使出了绝招——窗口指导，要求各证券公司抛出库存以平抑股价。上海三大券商都有当年承销真空电子股票时留下的包销余额，并非二级市场自营买入的股票，成本等于面

值，市值已经涨了好几倍，因此完全能够以较低的价格抛售，而且数量较大。消息传出，股市哗然，人气开始出现波动。"机构出货"，龙头股真空电子渐渐失去了"龙威"，从530元/股开始下滑，而延中实业、飞乐音响股票业已先期下跌，上海股市开始了自交易所开业以来的第一次下跌，"小熊"三个月。

作为亲历者，我有幸经历了上海证券交易所开业前后的燃情岁月，并在之后的日子里与中国证券市场共成长，见证一段又一段不平凡的历史。■

■ 作者简介

谢荣兴，高级会计师，律师，第十届、第十一届上海市政协委员，上海市工商联原常委、第一届上海市证券业协会副会长，曾出任过多家上市公司董事、独立董事。1989年3月起，历任万国证券公司计财部经理，万国证券黄浦营业部经理，万国证券董事、交易总监。1995年2月起，历任君安证券副总裁兼上海总部总经理，君安证券董事、董事会风险控制委员会主席，国泰君安总经济师，国泰君安（深圳）投资有限公司总裁，国联安基金督察长。

上海证券交易所东迁的历史意义

王惠众

　　1990年12月19日,上海证券交易所在位于黄浦江畔的浦江饭店内鸣锣开市,正式宣告了新中国第一家证券交易所的成立。一直到1997年12月东迁至浦东的上海证券大厦前,上海证券交易所在这座始建于1907年、历史悠久的西商饭店运营了7年。这7年里,浦江饭店见证了上海证券交易所的诞生、发育与成长。

　　上海证券交易所开业初期只有8家上市公司、创始会员25家、10万名投资者,日平均成交金额为10亿元人民币,市价总值为12亿元。投资者买卖股票必须本人在证券公司营业部柜台填写纸质委托单,由证券公司营业部报单员通过电话将客户买卖委托报给上海证券交易所交易大厅内的场内交易员——"红马甲"。由于当时技术手段非常落后,电脑撮合能力只有8笔/秒,一旦碰到行情,就常常发生堵单,甚至死机,需要暂停交易。

　　1992年邓小平同志视察南方后,中国的改革开放迎来了一个发展新周期,如何提升交易系统的撮合能力以适应证券市场的发展需求一直是上海证券交易所各项业务中的头等大事。上海证券交易所为此投入了大量的财力和技术力量，聘请国外技术专家坐镇，不断升级换代，提高交易主机撮合能力。至1997年东迁前，上海证券交易所的交易主机撮合能力已基本能满足市场发展需求，电话报单方式也从传统的电话线升级为光纤专线，大大加快了报单速度，同时实现了股票无纸化交易和证券账户集中存管，既方便了投资者交易，又提升了上海证券交易所对投资者证券账户的实时监控能力。当时，这一做法领先于许多欧美交易所的市场机制。许多参观过上海证券交易所的欧美交易所监管和登记结算部门官员对此印象深刻，赞赏上海证券交易所在短短几年里就实现了世界上许多交易所几十年甚至上百年来都无法达到的目标。确实，上海证券交易所当时那些敢为人先的创举为上海证券市场的初期发展立下了汗马功劳，同时也为上海证券市场后来的快速扩容奠定了基础。

1990年，上海证券交易所开业初期只有一个交易大厅。随着上市公司、证券公司、投资者数量的不断增加，上海证券交易所于1992年在浦江饭店2楼又设立了一个交易大厅。至1997年12月，上海证券交易所在黄浦路上先后设立了8个交易大厅，交易席位达到数千个。

当时一到中午休市时间，黄浦路上场面非常壮观，宛如一片红色的海洋，整条路上全是穿着红马甲的场内交易员。

在这7年里，上海证券交易所除了不断开辟新的交易大厅，提升交易主机撮合能力外，还不断大胆探索，"摸着石头过河"，除股票和债券外，先后引入国债期货和国债回购业务，上市公司和会员公司数量、交易量、股票市值不断创新高。1997年12月东迁至浦东的上海证券大厦时，上海证券交易所的上市公司

图1 上海证券交易所东迁前的第一个交易大厅（浦江饭店孔雀厅）

数量已达到383家，会员公司达到467家，股票市值达到9218亿元。

但是，由于缺乏有效的监管和技术手段，市场机制不完善，在此期间市场投机气氛浓厚，恶意操作情况无处不在，导致股市经常大起大落，影响证券市场规范、健康发展。

1995年12月，朱镕基到上海证券交易所考察时，提出了证券期货市场发展的"八字方针"——法治、监管、自律、规范。时至今日，这"八字方针"始终是中国证券市场发展的基石和指南。

1995年3月，国务院正式批准《中国证券监督管理委员会机构编制方案》，确定中国证监会是国务院证券委员会的监管执行机构，依照法律法规对证券期货市场进行监管。根据国务院的安排，上海证券交易所由上海市政府管理的权限划归证监会垂直监管。自此，上海证券交易所在证监会的直接监管下，持续规范、健康发展。

为了适应证券市场的快速发展，打造世界一流证券交易所，尽快与成熟市场接轨，同时响应上海市政府加快浦东开发开放的要求，上海证券交易所于1993年将新址选在浦东陆家嘴区域。经过4年的紧张施工，上海证券交易所于1997年12月成立7周年之际搬入浦东新家——上海证券大厦。

上海证券大厦新交易大厅气势恢宏，面积为3600平方米，没有一根立柱，视野开阔，是当时全球最大的无柱交易大厅，可容纳1602个交易席位。搬到上海证券大厦后，原来8个交易大厅的"红马甲"全部集

图2　上海证券大厦

中在一个交易大厅交易，从7楼参观走廊望下去，场面非常壮观，令人真切地感受到证券市场的魅力。当时许多来参观新交易大厅的国内外投资者好奇地问我，上海证券交易所为什么要建这么大一个交易大厅？我说："我们原来没有场地，只能分成8个交易大厅，搬到上海证券大厦后有条件将交易大厅合并在一起。"同时我还开玩笑地说，中国投资者还不够成熟，希望能看到一个有人气的交易大厅，他们买卖股票时才觉得放心。其实，上海证券交易所打造这样一个交易大厅的真正意义是向全球投资者传递一个信号，上

海证券交易所有信心在不久的将来发展成为国际投资者瞩目的世界一流证券交易所。

上海证券交易所迁址的重大历史意义在于展现许多业务创新空间。搬入上海证券大厦后，上海证券交易所各项业务发生了历史性的飞跃，实现了原来在浦江饭店期间无法实现的业务创新与升级，主要包括交易系统、交易手段和证券账户管理等方面的提升。

一是交易系统容量不断扩充。新的交易系统升级后撮合能力能够达到2000笔/秒，基本消除了以前经常发生的堵单死机现象，而且可以根据市场需求不断提升撮合容量。2009年，新一代交易系统上线后，不仅主机系统采用了世界一流的技术，而且通过引入交易单元模式（PBU），将原来交易席位所关联的财产与交易属性彻底分离，大大降低了券商运营成本，提升交易通道的需求。

二是投资者交易更加便捷、高效。尽管上海证券交易所建造了一个3600平方米的交易大厅，但交易方式逐步从有形席位转为无形席位，即投资者可以直接通过证券公司营业部电脑交易终端将买卖委托直接报到上海证券交易所的交易系统撮合成交，并且可以实时查询成交结果，而不再需要通过人工报单方式——打电话给场内"红马甲"报单。

三是股东账户管理得到优化。为了杜绝通买通卖导致的账户盗买盗卖问题，上海证券交易所实施了账

图3　上海证券大厦交易大厅

图4 上海金融交易广场（摄影陈铮）

户全面指定交易制度。实施账户全面指定交易制度后，投资者只能通过一家指定的券商委托买卖股票，需要到其他券商处交易的，必须先撤销当前的指定交易再重新指定，全面优化了证券账户的管理。

在上海证券交易所东迁开业典礼上，世界交易所联合会秘书长奥伊斯先生在致辞中颇有感触地说，他对上海证券交易所在短短几年里将上海证券市场发展成现在这样的规模印象深刻，他相信上海证券交易所一定会发展成为一个透明、公开、成熟的世界一流交易所。

作为亲历上海证券交易所发展历程的老员工，我见证了上海证券交易所从浦江饭店起步到东迁至上海证券大厦的过程，深刻体会到上海证券交易所能够在30年里发展成为全球规模排名靠前的证券市场，与交易所领导敢于担当，全体员工尽心尽职、任劳任怨和无私奉献是分不开的。最重要的是，中国的改革开放持续发展的良好势头为上海证券交易所快速发展创造了宝贵的机会。当然，上海证券交易所要真正发展成为全球投资者资金可以自由进出的市场还任重道远。我深信，上海证券交易所今年再次搬迁后，必将迎来又一次重大的发展机会，在可预见的将来，上海证券交易所必然会发展成为世界一流的证券交易所。

■ 作者简介

王惠众，1992年8月进入上海证券交易所工作，主要负责对外联络接待、国际业务拓展工作，包括B股市场及QFII/RQFII业务的制度设计、法规修订、业务拓展、监管与服务等，并长期分管境内证券公司、基金公司、保险公司监管与服务工作。2016年8月退休。

证券市场在温州探索发展的记忆

邹雯雯　林坚强

随着市场经济的发展,温州证券市场经历了从无到有、从小到大的过程,温州证券机构的职能逐渐从单一的经纪业务向经纪和投行业务并重转型发展,如今投资者数量进入一个全新阶段。据温州市证券期货业协会统计,截至2020年5月末,温州证券开户数达202.2万户,突破200万大关。此外,温州证券市场月末托管市值达1928.2亿元,同比增加10.23%。

"温州开户数量的不断增加带动了资金踊跃入市,投资者的投资理念也越发专业。"温州市证券期货业协会会长、中国银河证券温州(中心)营业部负责人彭杰介绍说。从数据来看,温州投资者涌入证券市场的速度不断加快,呈跳跃式增长,温州的证券开户数2006年超过10万户,2010年超过50万户,2015年超过100万户,2017年超过150万户,2020年超过200万户。

同时,随着证券市场的发展,温州证券机构的数量也不断攀升,职能逐渐从单一的经纪业务向经纪和投行业务并重转型发展,并且在推进温州企业上市挂牌中发挥了重要作用。目前,温州的证券机构从20世纪90年代的6家证券营业部发展到目前的6家证券分公司和105家证券营业部。

图1　2012年6月26日,上海证券温州分公司成立

证券机构：营业部从 6 家到突破 100 家

事实上，证券业在温州起步较早，早在 20 世纪 80 年代就有了国债、企业债券、股票等的发行交易。1986 年 3 月，温州市政府批准推出了《温州市发行股票、债券暂行管理办法》；1987 年 1 月，温州市工业供销总公司发行债券获得批准。同年 3 月，苍南县金乡包装材料厂首次向社会发行股票筹资获得批准。同年 10 月，经中国人民银行温州分行批准，鹿城城市信用社和东风城市信用社向社会公开发行股票。截至 1991 年，温州市累计向个人发行各种债券 4.88 亿元，其中国债 1.51 亿元，金融债券 116 万元，企业债券（含短期融资券和内部集资券）3.36 亿元。证券的种类由 1987 年的 4 种发展到 1991 年的 9 种，1991 年全市证券交易网点发展到 14 个。

上海证券交易所和深圳证券交易所相继开业后，温州地区自发的证券市场逐步融入全国统一市场。1992 年 12 月，温州国际信托投资公司获准设立证券营业部（现为上海证券），并于 1993 年 1 月开始营业，随后建行信托温州证券营业部（现为中国银河证券）、上海申银证券温州营业部（现为申万宏源证券）、浙江证券温州营业部（现为方正证券）、上海海通证券温州营业部等相继开业，温州证券业开始有了初步的发展，自此温州有了第一批真正的证券金融投资者。

"刚开始时营业大厅里挂着一个交易牌，员工穿着'红马甲'在穿梭。"申万宏源证券温州分公司总经理瞿炳建回忆，20 世纪 90 年代初证券营业部刚在温州设立时，开户还需要排队找关系，"当时温州市民对股票的接受度不高，他们大多只经商不炒股。"

图 2　1993 年 7 月 28 日，建行信托温州证券营业部开业

图 3　1993 年底，杨怀定（杨百万）在建行信托温州证券营业部举办讲座

"温州国际信托投资公司是上海证券温州分公司的前身，其证券营业部是温州地区第一家证券营业部。"上海证券温州分公司总经理蔡晓敏说。温州国际信托投资公司证券营业部于 1993 年 1 月 18 日正式

开业。为更好地为温州金融市场的发展助力,上海证券于2012年6月成立温州分公司,"上海证券温州分公司从最初的第1户到如今累计证券账户开户数近60万户,从1家营业部到现在的21家营业部,托管资产规模近500亿元,是温州证券市场发展的全程参与者、亲历者。"

如今温州的证券机构无论是客户数还是交易规模,在同系统内都名列前茅。从温州市证券期货业协会的数据来看,在交易额上,上海证券、申万宏源、银河证券、方正证券四家证券机构占据了温州证券市场的半壁江山。

温州投资者:从"不炒股"到交易额占全国的2%

从数据上看,温州证券开户数从零到10万户用了13年,从10万户到100万户用了7年,从100万户到超过200万户只用了7年。而在最初的13年,温州的证券开户数和交易额在全国的占比微乎其微。

"2005年之前温州投资者在全国的占比很低,真正开始有地位是在2005年。"彭杰说,2005年股权分置改革催生了牛市,大量的温州投资者入市,温州证券市场发展往前迈了一大步。"那一年温州投资者在全国的排名发生了质的飞跃,我们带着投资者走进上市公司、基金公司,股票交易开始在市民中迅速普及。"瞿炳建说,申万宏源温州营业部在2007年开户超过6万户,一年基金的销售额达到25亿元,占据了申万宏

图4 2007年,申银万国证券温州营业部股民排队开户

源整个系统的1/5。

2010年,随着证券经营主体在温州大量设立,营销力度和宣传力度加大,吸引了大批投资者入场。上海证券交易所、深圳证券交易所自当年3月31日起正式开通融资融券业务,开始接受试点会员融资融券交易申报,温州投资者的热情再度被点燃。

自这一年开始,温州证券机构的业务也从单纯的经纪业务转向综合业务,业务结构从经纪业务扩展到信用业务、投行业务以及金融产品的代销,温州证券机构分别组建了各自的营销团队,盈利模式也更加多元化。截至2020年5月末,温州地区融资融券月末余额达96亿元。

温州证券市场的另一个"黄金时刻"是2015年。随着互联网金融的广泛使用,温州的证券机构使用"网络开户"方式有效拓展客户。2015年4月,A股市场全面放开一人一户限制,自然人与机构投资者均可根据自身实际需要开立多个沪深A股账户和封闭式基

金账户。"'一人多户'政策出台后,券商卖力营销,最终推动温州证券开户突破200万大关。"彭杰分析道。

"近年来,温州投资者的专业知识及文化水平有了较大提升。"蔡晓敏表示,在开户数增长的同时,温州投资者也越发成熟,从最初的短平快的交易方式逐渐向理性、合理的交易方式转变,专业化、产品化的趋势日益明显。"温州的投资者经历了从原来的不了解证券市场到盲目参与证券市场,到现在逐渐理性参与证券投资的转变。"

同时,随着温州投资者年轻化和专业化,温州证券机构业务也更加多元化,佣金收入的占比从原先的95%下降到50%以下。瞿炳建介绍,证券机构都在寻求转型创新。以申万宏源为例,公司不断引进人才、打造团队,以对接上市公司、政府平台、私募和公募基金以及银行总行,为机构客户带来更加专业的服务,并改进系统来适应机构客户。

"温州证券开户数以个人账户为主,占比达到9成以上,交易频繁活跃度高。"彭杰介绍,温州投资者的换手率是全国平均换手率的2倍以上。数据显示,2020年5月温州证券交易额为2077.5亿元,占全国总交易额的1.85%,前5个月证券交易额为13988.5亿元,占全国总交易额的1.88%。

温州板块:从起步落后到日渐壮大

在温州证券市场不断发展的同时,资本市场上的温州"板块"也在不断扩容。

1997年,浙江东日股份有限公司股票在上海证券交易所挂牌上市,这是温州的第一只股票。随后,温州市政府关于促进一级市场发展的相关政策逐步推出,制订了五年上市计划,建立起了温州市推进企业上市工作联席会议制度。在此期间,华仪电气、奥康鞋业、正泰电器陆续在上海证券交易所上市;华峰氨纶、报喜鸟服饰、金龙机电股份、森马服饰、温州宏丰电工合金等企业在深圳证券交易所上市;瑞立汽车等企业在美国纳斯达克上市。

图5 1997年10月21日,浙江东日在上海证券交易所上市

2012年3月,国务院批准温州为金融综合改革试验区,温州的证券期货业进入全面发展阶段。以上海证券温州分公司成立为标志,温州证券业开始向经纪业务和投行业务并重转型发展,为温州企业上市挂牌创造有利条件,拓宽直接融资渠道。自2012年以来,温州市政府为了进一步加快推动企业股份制改造工作,出台了多层次资本市场发展三年行动计划,成立了温州市企业上市促进会,进一步加大温州企业上

市、挂牌的力度。

在证券机构的参与和努力下，浙江伟明环保、浙江诚意药业股份、福达合金材料等14家温州企业陆续在上海证券交易所、深圳证券交易所以及境外上市。2020年5月，中国证监会公布了核发4家企业IPO的批文，其中就有温州企业浙江力诺流体控制科技股份有限公司。浙江力诺拟募集资金净额3.2亿元，成为温州第21家A股上市企业。据悉，2020年温州企业上市工作将加速，前5个月新增过会待发和报会待审企业数量暂列全省首位，上市工作"短板"进一步得到弥补。

与此同时，温州证券机构帮助温州企业迈向多层次资本市场。2013年，新三板面向全国接受企业挂牌申请。温州的证券机构通过推荐企业上市、新三板挂牌、发行债券、股票质押等投行业务，为温州经济社会发展拓宽直接融资渠道，帮助温州企业解决融资难的问题。目前，温州全市证券机构保荐的新三板企业有90家。此外，温州的证券机构还积极帮助企业发债，2020年1~4月获批的公司债近100亿元，主要服务上市企业和政府基建项目，其中浙商证券（温州）位列第一梯队，发债金额占据半壁江山。

（照片提供：林坚强）

■ 作者简介

邹雯雯，《温州日报》金融部记者，曾多次获得浙江新闻奖和温州新闻奖。

林坚强，温州大学兼职教授、温州市政协文史工作特邀研究员。著有《股份企业与股票债券》《论语温州》《温州指数：中国民间融资风向标》等。

专题研究

近代上海的两个证券市场及其特点

刘志英

由于近代中国处于半殖民地半封建社会，近代中国真正的证券市场首先是伴随着外商在华股份制企业的创办而产生的外商证券市场，随后才有中国人建立的华商证券市场。笔者在近代中国证券市场研究方面出版过两本书：一本是笔者的博士论文，研究的是近代上海的华商证券市场；另一本是笔者的博士后出站报告，研究的是近代中国的华商证券市场。因为有关近代外商证券的核心史料特别是第一手文献资料缺乏，仅靠当时中外文报刊资料的相关报告和调查资料，难以对近代中国外商证券市场进行深入全面的研究。因此，笔者的两项研究都集中在近代中国华商证券市场，没有涉及外商证券市场。然而，要正确认识近代中国的证券市场，必然要研究外商与华商两个证券市场。

近代中国证券市场肇始于上海，上海形成了完整的外商证券市场和华商证券市场体系。以交易所为例，外商在上海建立了上海众业公所和日商上海取引所，在上海以外的其他城市也建立过证券类交易所，如哈尔滨、青岛、大连等地。华商证券交易所也是如此，不仅上海有，华商在北京、天津、宁波、汉口、重庆等地都建立过证券交易所。然而，上海以外其他各地的近代证券市场，不管是外商证券市场还是华商证券市场，都有着市场延续时间短、规模小、交易量甚微的特点，不足以反映近代中国证券市场的全貌。近代上海的证券市场从晚清开始出现，一直延续到1949年国民党在大陆统治结束，是近代中国历时最长、规模最大、最为典型的证券市场。

近代上海的外商证券市场

1843年上海开埠后,伴随着外商在华股份制企业的创办,逐渐出现了外商证券市场。到19世纪60年代,外商证券交易在上海渐次发展起来。上海出现的第一家初具规模的外商证券交易所是1891年的"上海股份公所"(Shanghai Sharebrokers' Association),它虽是一个证券掮客公会,但已具有交易所的雏形。1904年上海股份公所在香港注册,定名为"上海众业公所"(The Shanghai Stock Exchange),其组织形式为会员制,以经营公司股票与债券为主。直到1941年12月8日,日军占领租界,上海完全成为沦陷区,上海众业公所被迫停业,此后未再恢复营业。

1918年6月1日,日本人成立上海取引所股份有限公司,12月2日正式营业。与上海众业公所不同的是,日商上海取引所为股份有限公司,主要做棉纱与有价证券两项。由于日商上海取引所企图垄断上海证券市场,自成立后即遭到中国人的强烈反对和抵制,因此,到1927年不得不宣告停业清理。

近代上海的华商证券市场

华商证券市场从1873年华商发行第一只股票轮船招商局股票开始,到1949年结束,其历史演进大致分为三个阶段:第一个时期(1873—1922年),近代上海华商证券市场的萌芽与创立;第二个时期(1922—1937年),以政府公债为主的华商证券市场的兴盛;第三个时期(1937—1949年),以企业股票为主的华商证券市场的繁荣。

其间先后建立的证券交易所分别是1920年7月1日建立的上海证券物品交易所和1920年5月20日成立、1921年正式开业的上海华商证券交易所。1933年6月1日,上海证券物品交易所证券部并入上海华商证券交易所,标志着近代上海华商证券市场的统一。抗日战争全面爆发后,上海华商证券交易所于1937年8月11日奉令停业。由于1941年12月8日外商创办的上海众业公所被关闭,上海以华股为主的股票交易活动开始活跃起来。1943年7月24日,根据汪伪政府"实业部"和"财政部"的命令,上海华商证券交易所宣告"复业",11月8日正式开拍华股,直到日本宣布投降后的1945年8月18日,该所解散。1946年6月,国民政府财政部和经济部决定筹建上海证券交易所,经过三个月的筹备,上海证券交易所于9月9日成立,16日正式开拍营业,存续时间为1946年9月至1948年8月和1949年2~5月两个交易阶段。

近代上海两个证券市场的特点

早在1934年7月,章乃器先生就在《社会经济月报》第一卷第一期发表了《上海的两个证券市场》一文,专门分析上海外商与华商两个证券市场的情况。他认为:外商证券市场是典型的资本市场;华商证券市场是一个财政市场,由此说明中国民族资本发展的艰难在于筹集资本的困难。章乃器先生对上海两个证

券市场的分析和总结值得我们借鉴。

就近代上海外商与华商两个证券市场的演进历程而言，它们是完全不同的两个体系，呈现出以下显著的特点。

第一，鸦片战争后，外商股份制企业进入上海，对华商股份制企业的诞生产生了示范效应，上海的外商证券交易所因而也早于华商证券交易所诞生。上海开埠之后，大量外商在上海建立的外资企业，大多都是股份制企业，它们在中国发行的股票，为后来洋务运动中后期企业的改制提供了借鉴。从第一张华资企业股票轮船招商局股票的发行开始，洋务运动中的民用企业纷纷采用股份制形式，发行洋务股票，这种示范效应十分明显。

第二，两个市场，两种性质。近代上海的外商证券市场是一个典型的资本市场，是外国资本主义对中国经济侵略势力发展演变的"晴雨表"；近代上海华商证券市场则在相当长时间中成为国民政府的财政市场。

上海华商证券市场虽然也是从公司企业股票的发行与交易开始的，但经历了1883年"股市风潮"和1921年"信交风潮"的打击后，股票信誉大受影响，尽管一些大公司如商务印书馆、轮船招商局、中国银行等的股票仍然在交易所内挂牌，但实际成交很少。为维持生存，1922年以后，华商证券交易所就逐渐把北京政府发行的政府公债作为主要交易对象。1927年南京国民政府建立后，证券交易所的公债买卖更是呈现出蓬勃发展的景象。1927—1934年期间，公司股票几乎不在华商证券交易所挂牌。1934年后，虽有少数股票重新出现在交易所，但成交量极为稀少，几乎有行无市。1937年"八·一三"事变时，公债交易在上海证券市场上仍占98%的绝对优势。因此，1922—1937年的十几年里，上海证券市场成为名副其实的政府"财政市场"。全面抗战爆发后，战前盛极一时的政府公债交易渐趋冷落。然而，沉寂了十几年的股票交易却因缘逢时，由冷落到兴盛，更由兴盛而走向繁荣，上海华商证券市场因此而进入了股票交易畸形发展的黄金时代。抗战胜利以后，由于政府公债未能恢复交易，上海华商证券市场仍以企业股票为主要交易品种。因此，全面抗战爆发以后的上海华商证券市场才逐渐开始了向以企业股票为主的资本市场的转变。

与此相反，近代上海的外商证券市场却自始至终都是一个完整的资本市场，并逐渐成为上海产业证券市场的重心。从上海众业公所的营业范围来看，主要有五类：中国的外商股票，特别是上海及远东各地的外商股票；南洋各地的橡皮股票；上海市政府、公共租界和法租界发行的公债票；中国的外商债券，特别是上海及远东各地的外商公司债券；中国政府的金币公债。其营业主体是第一、第二两类股票。在其行市单里，有10种银行公司股票、5种保险公司股票、16种地产公司股票、6种船坞仓库和转运公司股票、8种公用事业股票、4种纺织厂股票、38种橡皮股票和垦殖公司股票，此外还有13种优先股、55种市政债和公司债，共155种，其中公司股票与债券占绝对优势。全面抗战爆发后，上海租界成为"孤岛"，从1938年下半年起，上海的外股市场呈现欣欣向荣之势。到1940年1~2月更是达到空前狂热，各股市价扶摇直上，一日间竟从数元暴涨至十数元，其价格一路飙升，有的涨了十几倍。造成这一状况的原因，除上海游资充裕外，银行业也将其资金的一部分投到了买卖上海外商股票与南洋橡皮股票上；战时各国多实行金融管制，为了逃避管制，许多人把上海外股市场作为运用资金的好去处；等等。除了战时的客观原因之外，引起投资者、投机者兴趣的最主要原因，还在于1938年以后上海外商公司业务异常兴盛，均获利优厚，如1928年设立于上海公共租界的英商茂泰有限公司，1930年利润分配仅4%，1938年达35.7%，1939年达50%。设立于1903年的会德丰洋行，在1935—1936年间，该公司仅能维持优先股的利润分配，普通股则无利可分，而1937年普通股的利润分配高达26%，1938—1939年竟有超额利润分配，1940年普通股半年的利润分配即高达114%，致使投资者、投机者受到极大刺激，遂出现空前的投机狂热。

第三，两个市场，两种不同的作用。上海外商证券市场，是外国资本主义对中国进行经济渗透和侵略的一个有力工具，为外国资本主义的经济侵略提供了极为便利的条件，协助帝国主义在华产业发展壮大，使大量资金流向外商企业，从而阻碍了民族经济的发展。近代华商证券市场经历了股票市场—公债市场—股票市场的嬗变，其作用也呈现出阶段性特征。

在近代上海工业的发展中，外资工业的资本增长远远超过民族工业，在规模效应上居于优势地位。据统计，1928年，上海外资工业资本总额约为2.27亿元，民族资本总额约为1.04亿元。1936年，外资总额上升到4亿元，民族资本上升为1.62亿余元，前者增长幅度为76.2%，后者仅为55.8%。外资工业的企业规模也远远超过民族工业，据统计，1928年上海外资工厂平均资本额约为122万元，民族资本的平均资本还不及它的1/16，约为7.5万元。

近代上海证券市场会出现这种情况，与上海外商证券市场的发达、华商证券市场的不完善有密切关系。外资企业进入中国能够迅速发展，并不完全是外国人拿着资本到中国来投资，实际上是在中国采取股份制，而买这些外资企业股票的，大多都是华商附股，即大多都是被中国人所购买。外资企业在近代上海的繁荣发展，可从近代上海证券市场上体现出来，外资企业有上海众业公所作为融资渠道，筹措资本比华资企业容易。外商证券市场为外国资本主义势力发展提供了极为便利的条件，促使帝国主义在华产业不断发展壮大，使大量的资金流向外资企业，从另外一个角度阻碍了中国民族经济的发展。而20世纪30年代，上海华商证券市场大量上市的是政府公债，民族企业要筹措资本非常不易。正如茅盾的《子夜》里所反映的那样，民族企业筹集资金困难重重，章乃器先生的文章也论述了这一点。

经济的发展，有赖于公司组织的发达；而公司组织的发达，却有赖于一个健全的资本市场。近代上海的外商企业可以通过外商证券市场顺利地为其企业筹

措大量资金，而购买这些洋股的大部分是中国人。根据美商上海电力公司 1933 年年报，该公司优先股持有人中，有 69% 是中国人。正是由于中国人大量投资购买洋股，流向中国民族企业的资金大为减少，从而间接地增加了他们筹集资金的困难，阻碍了中国民族资本主义企业的发展。同时，华商证券市场在 20 世纪 20~30 年代以政府公债为主，使上海的华资企业筹资活动难以展开，从而加剧了上海民族资本企业大大落后于外资企业的局面。

纵观整个近代上海外商证券市场的历史，虽然外商证券市场的产生、发展与兴盛对华商证券市场的建立具有某种示范与刺激的积极作用，但从根本上说，近代上海外商证券市场的存在与华商证券市场的畸形，是近代中国半殖民地国家地位的反映，外商证券市场是帝国主义对中国经济侵略的助推器。可以说，如果没有这个外商证券市场的存在，外商企业要在中国特别是在上海得以迅速发展壮大是不可能的。■

（题图照片提供：丁夏慧）

■ 作者简介

刘志英，西南大学历史文化学院、重庆中国抗战大后方研究中心教授，博士生导师。

孕育与反哺
——近代上海的城市经济与证券市场

潘君祥

　　近代上海的城市经济孕育了近代上海的证券市场，近代上海的证券市场又对城市经济起着反哺的作用。上海近代的城市经济是一个充满多样性与包容性的经济，这也是近代上海城市经济的特色。

近代上海城市经济的"天时""地利""人和"

　　上海开埠时人口约50万人，与全国其他城市相比，只能算一个中等城市，其地位与苏州、杭州、广州等城市相比有差距。由于长期对外封闭，上海的经济潜力没有充分发挥出来。鸦片战争后，西方殖民主义者用武力打开了中国的大门，迫使清政府实行"五口通商"，向西方开放国内市场，同时也给中国带来了世界市场。上海地处中国最富庶的长江中下游地区，位于中国沿海海岸线中点和长江的出海口，其地理优势在对外开放中得到充分发挥。有人比喻道：中国南北向弯弯的海岸线就像一张弓，东西流向的长江就像一支射向远方的箭，上海就是这支箭的箭头。

　　美国学者罗兹·墨菲对上海的市场有充分的研究，他说："上海的内地贸易区算是世界上最大的了，如此宽广的地区和如此众多的人口，依靠一个主要河流系统和一个首要城市来开展商业往来，那是别的地方所没有的。"①

　　上海在炮火中被迫对外开放后，外国资本主义因素被引入中国。这既是上海经济崛起的契机，也是上海商人崛起的"天时"。上海原有的枕江靠海的"地利"被激活，进而发展成为全国近代化程度最高的城市。

外国公司制度被引入，中国商人一波一波地涌入，上海商人包容中西的禀赋和善于吸纳的气度也得以形成，这就是上海经济飞跃的"人和"。颐安主人《沪江商业市景词》中有"沪地客强主弱"一词说，"他方客弱主人强，独有申江让旅商。各操土音无敢侮，若能西语任徜徉"，就是讲上海人对各地客商的高度包容。上海工商业中层出不穷的新兴行业，使得近代城市飞速变化，引起这一变化的根源还是汇聚在城市里的人。当时有人描述上海城市的变化是"互市以来，繁华景象日盛一日，停车者踵相接，入市者目几眩……来游之人，中朝则十有八省，外洋则二十有四国"。中外人士聚集上海，迅速造就了一派十里洋场的景象。

近代上海的移民与中国古代的移民不一样。近代上海的中外移民，携资而来，看中的是上海作为一个大城市的市场机遇。开埠时，上海人口估计为52万人，到1949年为545万人，增长了9倍多。上海有外侨6万多人，他们来自世界50多个国家。除了华侨外，华商来自全国28个省。这些移民，为商者是城市经济的开拓者，为工者是城市的实际建设者，他们共同体现着一种先进的生产力和生产关系，同是上海近代城市的缔造者。

近代上海城市经济的发展和繁荣

一些外国学者认为上海在开埠以前只是一个"荒凉渔村"，是"一条流入扬子江口的小江上无关紧要的城市"，上海的发展是"西人开辟"的"筚路蓝缕"之功，这完全歪曲了历史的本来面貌，是十分错误的。当时上海的商业、棉纺织业、手工业、沙船运输业早有了好几百年的发展，只是进入近代后上海被卷入了世界市场，就更飞快地勃兴起来。

近代上海市场的发育和发展是近代上海城市经济的主线，它有四个主要特点：（1）在全国的城市中具有超前的地位（大幅度领先）；（2）有门类齐全、体系完整的市场体系；（3）与内地，特别是长江三角洲和长江流域有十分紧密的联系；（4）直接与国际市场接轨。②

上海开埠通商后，每年的对外贸易总量一般要占全国总量的60%以上。后来随着开放口岸的增加，比重有所下降，但是也占到40%~50%，即我国一半左右的对外贸易操于沪商之手。以工业为例，据统计，1933年上海的工业总产值占全国的50%~60%。以不同的行业为例，上海酸碱等重化工业约占全国的1/4，棉纺、棉织、毛织、面粉、卷烟、机器制造等占全国的40%~50%，印刷、制革占全国的60%，制药、造船、电器占全国的70%。这种工业实力是当时全国其他城市无法相比的。上海那时的城市经济与原先的上海经济相比，是一种完全不同的新经济，其主体是近代的工业经济，不是老的农业经济。

随后，外国资本将西方的工业企业引入上海。在1850年到1859年的十年里，外资在中国开设的修船厂共有18家，其中12家就开在上海，祥生和耶松就是其中最大的两家修船厂。之后外资还开了一些纺丝厂、皮革、蛋品、棉花加工厂、印刷厂等。在外资的先导和示范下，中国的近代工业应运而生，1865年，洋务运动先行者李鸿章在上海建立了军工企业江南机器制造局。此后，一些民族资本家也纷纷建立了一些小型的船舶和机器修理厂。自19世纪70年代开始，私人近代企业渐渐扩大到缫丝、棉纺、造纸、面粉、玻璃、制革、火柴、制冰等行业。20世纪以后，更有丝织、油漆、调味品、油墨、水泥、牙刷、搪瓷等行业纷纷诞生。到20世纪20年代，上海的民族工业已经形成了一个拥有16个大类、40多个细类，分工精细的行业体系。那时，我国拥有比较齐全的工业行业的城市还不多见，上海在新兴行业的发展上出类拔萃，给人以面貌一新的感觉。

上海企业家的数量和质量也前所未有。早先的企业主大多有科举仕途的经历，而到20世纪二三十年代，新一代的企业家不少都接受过系统的西方教育，具有较高的科学文化素养。像厚生和德大纱厂的创始人穆藕初不仅留学美国，而且还师从创立科学管理理论的泰勒。人称"火柴大王"的刘鸿生虽然没有留过洋，但也是有着上海圣约翰大学高等教育经历的。上海美亚织绸厂的主持人蔡声白是美国理海大学（Lehigh University）工科毕业的，对于技术和管理都比较熟悉。更多的中小企业主都接受过相当规范的中等教育和职业教育，他们在日后的经营中积累了相当的科学知识、生产技能和管理经验，对西方各种新经营理念更加容易吸收，于是股份制公司的制度在上海得到了前所未有的推广。他们管理的企业自然也对上海新式的金融业、证券业、保险业等有更多的依靠和支持。

近代上海万商云集，汇聚着中国各地显赫的商帮，有着比其他城市更广泛的地域性。而且由于新兴的工业企业家的加盟，上海的工商企业家的整体素质有了较大的提高，旧式的商帮原有的地域局限性被大大地冲淡。新式的企业家组织在很大程度上取代了旧式的商帮团体，成为工商团体的主流，从而进一步提升了沪商的素质。

地处近代东西商业交流通道上的沪商，内承中华商业文明的底蕴，外受世界先进文化和制度的影响，形成了沪商文化的多元性和开放性。上海是观察世界的窗口，外商将先进的经营理念和制度引入中国，先在租界试行，上海的实业界人士就得了风气之先。加上上海还是中国的新闻和出版中心，往往先受到各种先进经营理念的熏陶，沪商又善于吸纳外来文化，于是就引领着新的历史潮流。

从上海商人的构成来看，既有来自内地各省的实业精英，也有早年在世界各地接触了西方各种先进思想又回国投资的华侨商人；既有在实践中领略到西方先进经营理念的实业先辈，也有在国内外已经受过正规教育的商界新人；既有在生意场上长袖善舞的商界大亨，也有在近代实业界里一显身手的工业巨子。这种沪商结构的多元、开放，也造就了沪商文化的多元性和开放性。

外国殖民者带来的不仅是商品，殖民者要住下来，必然给上海带来新的生活方式和新的理念、新的

制度，如西洋式的住房、外国人习惯的水电煤气、新的城市管理制度等。

以历史上引领上海近代旅馆潮流、今天是中国证券博物馆馆址的礼查饭店为例，礼查饭店1846年开办在公馆马路（现金陵东路），十多年后，经营效益好，但那里发展余地小了，店主看中了苏州河北岸这块84亩的土地，每亩永租费仅1500文，便于1860年建成了新的礼查饭店。1882年上海首批试用的15盏电灯，礼查饭店及其花园就占了7盏。此后不久，礼查饭店的客房就普遍使用了电灯照明。20世纪初，礼查饭店再次圈地改造，1910年成为远东最大、最豪华的旅馆。它实现了一间客房配备一间浴室的硬件，那是当时法国、美国等一流饭店的配置。每个套房都配备了一部电话，这也是当时世界一流豪华饭店的标配。连续的精心经营，使礼查饭店政要下榻、名流云集，如1869年访问上海的英国爱丁堡公爵，1878年退休后环球旅行经过上海的美国原总统格兰特，1920年来华讲学的英国哲学家罗素，1931年和1936年两次到访上海的世界戏剧大师卓别林，1936年来华的美国著名记者埃德加·斯诺夫妇等，都曾先后入住过礼查饭店。

近代上海最早的股份制企业和股票交易所

1872—1884年是李鸿章兴办民用企业最活跃的时期，凡轮船、煤矿、电报、铁路、织布5个方面的企业均进行了筹建，发行了股票，而且都采用了"官督商办"的形式。李鸿章总结了曾国藩主张商办采用"悉听其便"和"听其自然"而没有成功的教训，既反对"绳以官法"，又反对"听其自然"，主张"官为之倡"，这就是李鸿章的"官督商办"。李鸿章的"官督商办"有两点值得我们注意：一是他同意"商办"，突破了传统的旧思想；二是李鸿章已经受到西方公司制度的影响，开始采用西方股份制度来办近代的公司。不过，李鸿章那时所注重的只是招商入股，在章程中还没有明确规定股东会的权力，也不理解西方股份制度办近代公司的实质是商人要有权，商人组成的董事会、股东会应该是企业的权力机构。轮船招商局成立以后，李鸿章进行了一次重要的改组，新章程规定重新招股后每一百股可以推举一个商董，由诸商董中推举商总、总局和分局，均由商总和商董主持。此外，新章程还规定轮船招商局的业务"照买卖常规"办理，遇有紧要事件"须邀在股众人集议"。这些规定使得商人在轮船招商局拥有一定的发言权，商办的色彩加强了。轮船招商局经过改组以后，经营大有起色，1876年还并购了美国的旗昌轮船公司，排除了自己强劲的竞争对手，初步稳住了脚跟，使得轮船招商局这一股份制的"官督商办"企业得以顺利发展，实现了"为中土开此风气，渐收利权"的目的。轮船招商局在社会上也赢得了相当好的声誉，这一点在当时的上海股票市场的价格上有充分的体现。19世纪70年代末到80年代初，轮船招商局股票的市场价格高出票面金额1.31倍，开平矿务局股票的市场价格高出票面金额 0.83 倍，上海机器织布局股票的市场价格高出票面金额 0.95 倍，上海电报局股票的市场价格高出票面金额 0.37 倍。那时社会上出现了一股投资资本主义民用企业的热潮，"每新公司起，千百人争购之，以得股为幸"，企业"数十万巨款，一旦可齐"。据现代学者的统计，1872—1883 年，李鸿章等人共建立"官督商办"的民用企业 11 家，商办民用企业 27 家。可见股票市场的兴起对早期民族资本企业发展有明显的推动作用。

据确切的历史记载，1872 年轮船招商局的股票就发行了，但中国第一张股票的样子至今还是一个谜。

近代上海城市建设与资金筹集

1919 年，孙中山先生在《建国方略》中提出了改良上海新型都市的目标。他分析了上海港口当时的现状：由于海潮倒灌、泥沙淤塞、水道日浅，巨轮进出受阻。市区浦西建筑无序、人口众多、臃肿杂乱，而浦东荒凉。他认为"苟长此不变，则无以适合于将来为世界商港需要与要求"。最理想的方案是另辟一个东方深水大港，但考虑到耗资巨大，资金难以筹集，于是就提出了改造上海为东方大港的方案。具体办法是先打通黄浦江与长江的航线，再在黄浦江的东岸浦东圈地，建设一个"新黄浦滩"。

孙中山开发浦东设想的最大优点是城市建设跳出了原有的外国租界，冲破了帝国主义的阻碍。在经济上，浦东地价低廉，产出效益较大，有着广阔的发展空间。在建设上，孙中山当时就有架设桥梁和挖掘过江隧道的设想。建设资金的筹划是孙中山又一个创新的地方，一是在保持国家主权、互利合作的原则下，吸收、利用外资作为改建上海的先行资金；二是把新建的新黄浦滩土地价格上涨收益作为后续的建设资金来源。在他看来，将开发出来的土地在国内出售，或是有偿转让给国际开发公司，都将会筹到足够的上海城市建设资金。

1927 年国民政府在南京成立以后，也规划了"大上海建设计划"。主要内容有四个方面：(1) 市中心区计划；(2) 市中心区域和附近的港口、铁路计划；(3) 全市分区计划；(4) 全市道路系统计划。上海城市发展需要的资金依靠政府发行市政建设公债等手段筹集，上海曾先后两次集资共 650 万元，又以征用多余的 829 亩土地以高价向市民"招领"，以此推动市政建设的开发。

国民政府成立后，不但把上海看成全国的经济中心，还认为谁能控制上海谁就能控制全国，把许多重要的政治、外交、财政、金融和宣传机构都设在上海。1928 年他们先在上海筹建了由宋子文任总裁的中央银行（外滩 15 号），然后把具有国家银行性质、经营国际汇兑业务的中国银行总管理处和成为全国实业银行的交通银行也由北京迁来落户。一时，在上海有国人开设的银行和全国各地银行开设的分行共近百家，钱庄有 80 余家，外资银行有 28 家。另外，还有保险公司、证券物品交易所和金业交易所等众多金融机构集中在上海，国民政府在上海的金融市场上，可以用举借贷款和出售债券的方式筹集到大量资金，成为政府财政的主要来源，这就进一步确立了上海的全国金融中心地位。

近代上海产业发展与筹集资金

下面我们以有"面粉大王"和"纺织大王"之称的荣氏企业集团创建为例，阐述近代上海产业发展及企业艰难筹资之路。

1900年荣氏兄弟在无锡与人合伙开设保兴面粉厂的资本共3.9万元，而荣氏兄弟仅有6000元。1903年大股东朱仲甫无意经营遂退股，保兴面粉厂改名为茂新面粉厂，增资为5万元，荣氏兄弟增资为2.4万元。此后他们又陆续收购散股股东出让的股票，成为茂新面粉厂的第一大股东。荣德生任总经理，荣宗敬任上海批发部经理。1905年荣氏兄弟开始向纺织业拓展，与买办荣瑞馨合伙集资27.08万元，荣氏兄弟入股仅6万元，在无锡成立振兴纱厂，大股东荣瑞馨任董事会总董，购纺机28台、纱锭1492枚，1907年试车生产，"无甚利也"，1908年"稍有微利"。后请荣德生出任经理，开拓销售渠道。1911年停工月余，银根紧缺，以棉花栈单抵押才渡过难关。1912年开始有起色，再投资50万元，"全系欠款"。两年后欠款"偿付过半"。1915年，荣氏兄弟在董事会上"力主扩充发展，不分红利"的思路与小股东们"希望拿到现钱"的主张发生激烈冲突。在荣氏兄弟看来"要拿大钱，所以要大量生产，照3万锭能赚几何？"这是大、小资本家在市场上博弈的不同心态。这一冲突导致荣氏兄弟决心退出振兴纱厂董事会，同时退股。

1916年，荣氏兄弟在上海集资30万元，在开办资本中占有60%的控股地位，创办了申新纺织无限责任公司。在上海周家桥创办申新一厂，购布机350台，公司不设董事会，荣宗敬任总经理。恰逢第一次世界大战，部分外国资本暂时撤离中国市场，1916年申新一厂就获利11万余元。1917年至1921年间先后在上海、无锡和汉口分别开设了申新二厂、三厂、四厂。同时，他们将设立在无锡的茂新、上海的福新等面粉厂和申新等纱厂进行整合，成立了包括面粉和棉纺织两大行业的茂福新总公司，通过资金和管理的统一调配，强化了面粉企业和纺织企业的互相联系。在汉口开办申新四厂时，资金趋于紧张，不足的部分就从总公司和福新五厂账上借出。荣家早期的申新一厂、二厂、三厂、四厂的建立，除了一部分自有资金外，主要资金大部分都来自银行、钱庄的借款，他们一边借款，一边建厂扩充，一边还钱。1921年后，纺织业进入了低潮。直到1925年，全行业开始转暖，他们看准时机又开始收购，先后在常州、上海等地新设了申新五厂、六厂、七厂、八厂、九厂。从1915年到1931年，荣家的纺织企业资本额增长了近50倍，纱锭增长39倍，棉纱产量增加84倍。1932年，他们建成了一个拥有纱锭52万多枚、布机5300多台的棉纺织企业集团，在国内是独一无二的。

由上可见，上海的近代企业发展多么地需要资金，近代上海经济的发展需要时机、人才、思路等，但是没有资金，时机就会错过，人才也会流失，企业的建立和扩张更无从谈起，包括证券在内的融资方式对经济发展的作用可见一斑。■

■ 作者简介

潘君祥，复旦大学历史系、上海社会科学院研究生班经济史专业毕业。上海社会科学院经济研究所原研究员、经济史研究室主任，上海市历史博物馆原馆长。曾任上海市哲学社会科学"十五"规划学科评审组专家、上海市文物管理委员会委员、职称评委委员，国家文物局精品陈列项目评审专家组成员，上海市文物鉴定委员会委员等。

主要研究方向为中国近代经济史、城市史等。曾参与"近代上海城市研究""东南沿海城市与中国的现代化"两项国家社会科学基金重点资助项目，申请和主持了"近代中国国情透视""近代中国国货运动"两项国家社会科学基金资助项目，编著《近代中国国货运动研究》《话说沪商》等多部著作。

■ 注释

① 罗兹·墨菲. 上海——现代中国的钥匙［M］. 上海：上海人民出版社，1986：65.
② 张仲礼. 上海市社会科学学者文集·张仲礼文集［M］. 上海：上海人民出版社，2001：549.

文博论坛

现代纸质文物保管与保护中的几个问题

顾音海

以近现代历史、人物等为主题的博物馆馆藏可移动文物，具有类别多、杂件多、文献多等特点，而其保存状况不尽理想，相关信息少或信息求证难。在许多方面，如所涉及的时间、地点、人物不易确定，这给考订、归类、定名、定级等工作带来相当大的难度，从而影响保护方案的确定、保护举措的落实。其中，现代纸质文物所占比例普遍较大，历史文献、档案资料、票据凭证、文书证件、布告海报、照片图片、信件日记等，不一而足，其脆弱的特性和广泛的应用，使保管与保护面临的问题尤为突出。本文所述"保管"，主要是指由博物馆保管部门承担、落实、发起、组织的藏品著录、入库、定位、提用、设施设备使用、环境数据记录等工作；"保护"则主要是指由博物馆科技部门（目前普遍称为科技部或文物保护中心）所承担的旨在针对藏品、设施设备、环境、方法等方面的研发、引进、解难等科研工作和保护操作，两者互为影响、相辅相成。兹结合个人工作实际，略谈几点看法。

偏颇与误区

就整个馆藏纸质文物的保管与保护而言，目前在认识上尚存程度不同的因偏颇而导致的操作上的误区。例如，对于文物价值的判断和界定轻重不准确、

不均衡，往往重艺术品、轻历史文献；重名人效应，轻寻常代表性物件。这两点，多数是受文物市场影响所致，同样的藏品在不同博物馆中的保管等级、使用情形可能有很大差别，在甲馆被列为文物的纸质文献，在乙馆可能就是普通可供借阅的资料。

这类偏颇导致某些馆在纸质文物使用规定上的模糊。例如在一些近现代专题博物馆、纪念馆的陈列中，文物与代用品、复制品、仿制品不分，即原件和非原件不分，且不予标识。而这些模糊情况的出现，均和保管工作有关——陈列展览的策划文本中有关入选展品的基本数据，应该出自保管部门、来自文物总账，因此问题出在命名不严格、欠规范上，出在定级较随意、欠严谨上，出在藏品分类不够科学上。

这类操作上的误区导致的后果堪忧。展示中"干货"不明确，只有内行才能看出"门道"，误导一般观众人士认为展出的皆是真迹、原件，降低了文物作为历史见证的意义和魅力，影响观众油然而生的敬意、发自内心的仪式感。保护级别过宽或不明，则会导致过度使用，影响纸制文物保存现状；或湮没于库房中，许久不发挥作用。另外，很重要的一点是，这会导致对于纸质文物的保护不当，不能系统地、有针对性地、分门别类地从源头抓起，做到文物保护全覆盖。

总之，馆藏文物资源的信息完整与否，保管与保护的基础性工作完善与否，对博物馆科研、宣教活动能否成功开展有着重要影响，与馆藏资源的保存和利用是否妥善密切相关。而文物信息的完整，本身也考验、体现了博物馆在文物本体研究方面的功力。

保管是保护的前提

确切地说，纸质文物藏品的规范保管，是对其进行科学保护的基础与前提。从岗位设置、职能分工上说，保管工作对接征集、鉴定、定名定级，落实到著录即文物总账登记上，应该是全面、准确的基本信息。比如，质地中的纸张类别，加工手段中的手工或机器印制，拓本或机印，票据有无背胶，照片是原照抑或翻拍，等等。因此，文物性状、价值的判断与认定既是属于保管工作操作步骤中的一环，也是鉴定研究工作的重要任务和内容。一般由研究部门或保管部门发起组织，由馆设立的学术组织（"学术委员会"或"文物鉴定小组"等）进行定名定级，然后移交总账员正式著录，再移交库房保管岗位人员按手续核对、验明入库。在这步著录登记环节中，文物价值的认定，来自对其性质的判断、归类，尤其是现状的观察、描述特别重要，是决定是否需要特别加以保护，如除菌、装裱、装订、装囊匣等的依据。例如，有数百页名人手迹散页，按规范操作须阅读内容，将其中书信、文稿、日记分开，书信再按每通、写信时间顺序编排，可以分别托裱，以册页或线装形式著录、永久保管。在著录环节中，该墨迹书写者的认定，内容的确定，归类、文物等级的确定，为紧接着的托裱、装帧等保护形式的选择，或者如有虫蛀、残页即予修

复等保护措施的跟进,提供最为直接的判断理由。

第一,宜精准定名。文物定名,是博物馆文物保管、研究、展示的基础,涉及征集、保管、研究以及财务、审计、固定资产管理等层面。文物定名既要揭示文物的基本特质,又要体现专业规范,还要顾及不同用途。但其"正名"只能有一个,即专指文物总账著录登记之名,是标准的、正式的名称,是馆藏品按照《文物保护法》及相关规定向政府文物管理部门登记备案的依据,也是受法律保护的、作为国家文化财产性质认定的依据。文物定名的一般原则,在文物博物馆学教科书或工作手册、国家文物局有关文件中有明确表述,一般应由3个要素组成,即年代、特征和通称。在该项的一般示例中,文物按照质地、用途、时代、地域等分为25类,近现代文物被列为专门一类,此举在一定程度上体现出近现代文物的繁杂。对这类近现代文物藏品的定名,指导手册给出了"物主、事件、通称"的原则建议,同时提出定名须既简明又准确的要求。而在实际操作中,还须加深意义,细化命名。例如,宜紧紧围绕"有别于其他藏品的主要特点"的原则,尽可能体现文物藏品唯一性的特质,揭示彼此间的区别,明白无误地确立起该文物的价值、学术位置和含义。又如,文物定名的另一原则应是专业性。各行各业有自身命名的法则或习惯,物品被列为文物是其价值的体现,具体名称则应尊重原名。衣食住行之物,涉及品牌商标、生产企业;艺术品涉及作者和艺术形式;图书文献涉及作者与出版机构;等等。这些内容都各有特点,无法机械地按照物主、事件、通称去生搬硬套。再如,文物定名宜尽可能精确到品种名称,而非门类名称,密切注意"种"和"类"的区别。命名到品种,也是显示其唯一性的要求。

第二,宜科学定级。科学定级,是在准确认识藏品性质、价值的基础上,恰如其分地评定其文物级别。例如,在文物整理中,原件与非原件的定级是很具体细致的工作。从理论上说,两者均可以是文物,只需在定级上有区别即可。如著名的陈赓为鲁迅画的军事示意图,原作当然是文物,若鲁迅有重描、过录,也应定为文物,级别应一致;但他人重描、过录的,则要视其与此事件人物、时间的关系而定,如果是许广平在时隔未久重描、过录的,也是文物,级别应较上述原物为低。但在具体工作中,常常遇到一般现代制作的翻拍件、底片、复印件等,从内容上说,无疑均具有学术参考价值,但定级应严格遵守原件为主、复制为辅的价值判断。大多数复制件基本都属于业务资料范围。区别原件和复制件的等第,对于规范地保护好原件、利用好复制件均有益处。

保护为保管、使用保驾护航

随着文物保存、展示等客观条件的变化,以及现代科技手段的进步,文物保护已经从温湿度控制、防霉防蛀等基础性工作,发展到难度较大的修复、纸张除酸、环境综合保护等方面。馆藏纸质文物,除了部分古籍、石刻拓本的保护外,比较多的是旧平装、精

装本中外文图书的除酸保护，票据类、纸质档案类藏品的装帧保护，从而形成特别的对于现代纸质类文物的保护需求。如果是国家一级博物馆，按规范须建立自己的科技实验室。即便如此，由于文物涵盖面广，用物理、化学、生物等许多手法进行保护，将是一项巨大的工程，为提高效益，节约成本，在建立基本的纸张保护、修复实验室外，其他均采用购买社会服务的方法，将本馆需要的科技保护请具备专门资质的机构承担，本馆文物保护岗位（"文保员"）的设置，主要针对发现问题，并找出解决问题的大致路径，按程序委托社会服务，最终组织验收评审，确定达到保护效果。

国家文物局于2010年颁布了馆藏纸质文物保护标准，该标准由国家文物局纸质文物保护重点科研基地——南京博物院负责起草，规定了馆藏纸质文物《保护修复档案记录规范》《编写规范》和《病害分类与图示》，就相关术语、文本内容、记录格式、记录文字、记录信息源及记录方法和规则做了规范描述。因此，纸质文物的保护工作，从项目化管理角度说，已经有了比较详细的操作规范。科技研究和操作部门，将和保管部门紧密联合，从纸质文物保管现状的实情出发，发现问题，针对问题，研究问题，以"目标研发"，结合基础研究，引进国外先进手段和设备，借鉴其他学科的手段，用于具体的保护工作中，为纸质文物的正确使用保驾护航。■

■ 作者简介

顾音海，上海鲁迅纪念馆研究馆员。

文博论坛 CULTURAL RELICS AND MUSEUMS

科学分析检测在纸质文物保护修复中的应用

徐文娟

纸质文物是以植物纤维为主要原材料，经特殊工艺过程制造，或再经艺术创作加工而成的，具有鲜明文化特征的一大类历史文化遗产，包括字画、古籍、文献、文件等。纸质文物对人类文明的传播和社会的进步发挥了重要作用。但由于纸张的主要原材料为植物纤维，其主要化学成分是纤维素、半纤维素、木质素等有机物，在保存过程中容易受到保存环境影响发生水解、氧化等降解，而纸张本身又是霉菌、昆虫等生物的营养源，易发生生物降解，从而造成纸张的老化和损坏。纸质文物保护和修复，就是应用各种科学技术和手段，对文物进行检测分析研究、实施保护修复处理和采取预防保护措施，达到长期保存文物实物资料，延长文物寿命的目的。

科学的分析诊断和评估是纸质文物长期保护的前提，借助科技手段可以对文物的制作材料、制造工艺方法、文物制作年代进行判断，揭示文物的价值[1]；通过科技手段对文物病害的种类、严重程度、产生的原因进行分析，对于纸质文物保护措施的实施、修复方法与材料的选用有重要的参考价值。受文物样品限制，开发无损或微损的纸质文物分析与诊断方法，以最小限度的微量样品获取更多信息，是近年来的一个热点。随着现代科技的发展，许多无损光谱技术被引入文物保护领域，在科学评判纸质文物的老化机理、真伪鉴别和状态评价方面发挥着越来越重要的作用。

纸质文物常用无损（微损）检测方法

（1）形貌观察

形貌观察是最简单直观的无损分析方法，包括肉眼观察和显微镜观察。在纸质文物修复中，需要根据文物纸张的颜色、粗细、薄厚、帘纹等情况来选择相似的修复材料。以往修复师对材料的选择全凭自己的眼力观察和手感，这需要丰富的经验。随着技术的日益进步，各种检测技术相继问世，如测色仪、显微镜、厚度仪等，可以借助这些科学仪器判断所要修复的纸质文物材料组成和基本性能，从而可以按文物的材料选择相应的修补材料，使修补材料与文物基本保持一致。

光学显微镜是观察纸张形貌特征和鉴定纤维来源的常用工具，也可以用来判定纸的制作方式（如打浆度、漂白方法等），将纤维用染色剂（Herzberg）染色[②]，根据显色反应借助显微镜判别纤维的来源。通过光学显微镜还可以观察纸张质地、微小破坏情况等细部特征及保护处理后的情况。

扫描电子显微镜（SEM）可以用来观察脆弱纸张纤维形态的改变以及霉菌对纸张的破坏情况。扫描电子显微镜和能谱仪连用可以分析纸张破坏的原因、填料在纸中的分布以及纸张中的添加剂及污染物等。

（2）光谱技术应用

近年来，多种光谱分析技术逐渐被应用于纸质文物信息的提取和分析，解决了许多原来用传统分析方法不能解决的难题。

红外光谱技术在有机质文化遗产分析和诊断中发挥了重要作用，在纸张老化状态评价、有机染料分析领域均已得到初步的研究与应用。

拉曼光谱技术是一种散射光谱分析法，具有原位、无损、微区分析等优势。在纸张老化、炭黑颜料以及其他颜料分析中有大量的应用[③]。

X射线荧光技术（XRF）是较成熟的元素分析技术，可检测出元素周期表中的大部分元素。尤其是与拉曼光谱技术联合使用已被应用于文物颜料和纸张加工中填料的检测分析中。

（3）高光谱成像技术系统

高光谱成像技术是通过集成多光谱成像与多波段光谱分析，获得200～2500nm光谱范围的物体形态与成分的图谱合一的高新分析研究技术，是近年来的研究热点[④]。大量的研究说明该技术在纸质文物图章鉴定、隐藏信息提取、不同保存环境条件对文物老化机理和保护处理对文物的影响等方面有潜在的应用价值。

应用案例

清代王原祁《杜甫诗意图巨轴》绢本设色[⑤]，画芯长320厘米、宽91.5厘米，由于保存现状较差，为了陈列、保管和研究的安全，需要对此件书画文物制订详尽的修复方案并开展科学有效的修复保护。修复保护之前，需要对文物病害和保存现状进行科学评估。

（1）病害分析

画芯上肉眼可见一些白色和黑色污渍（见图1），为了解病害成因，将文物置于视频显微镜200倍下观察，发现白色污渍并不是霉斑，而是以前修复留下的胶黏剂；右上角黑色污渍经检测发现是以前修复时经纬线没有对齐、画芯和修复材料重叠造成的发黑现

图1 污渍分析
（a）书画局部
（b）白色污渍显微照片
（c）黑色污渍显微照片

象。通过检测清楚了解污渍原因，为后续清洗方法的选择提供了重要依据。

（2）颜料分析

采用X射线荧光能谱对这件文物上的颜料进行检测，蓝色和绿色主要为铜元素，经过分析可知整幅书画蓝色部分由石青所绘，绿色部分采用石绿绘制而成，紫色花瓣处采用了铅白打底。这些测试为修复时补色颜料的选择提供了参考。

（3）托纸的分析检测

纸质文物的修复材料直接关系到文物修复质量，这些材料包括纸张、绫绢、浆糊、胶等。其中，修复纸是最基础的材料，修复纸的选用对保证修复质

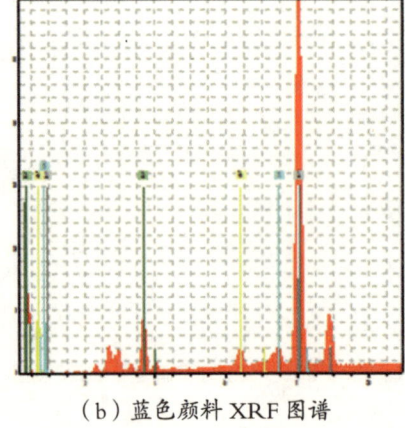
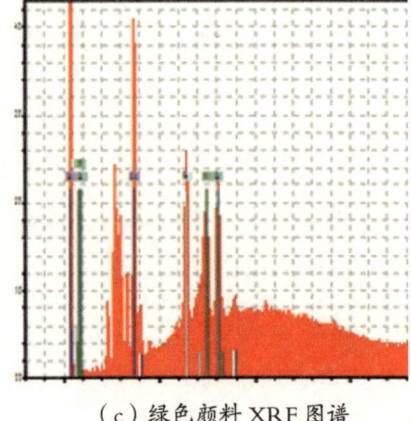

（a）书画局部　　（b）蓝色颜料XRF图谱　　（c）绿色颜料XRF图谱

图2 颜料分析

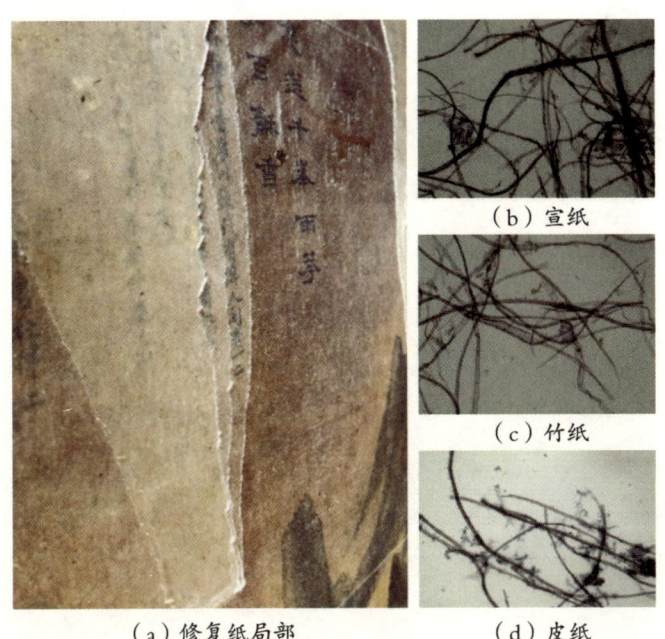

图3 修复纸纤维分析
(a) 修复纸局部 (b) 宣纸 (c) 竹纸 (d) 皮纸

量、延长文物寿命起着决定性的作用。通过纤维分析可以看出,画芯背面3层修复纸分别为皮纸、宣纸和竹纸。植物纤维周围的蓝色胶黏物说明各层修复纸采用淀粉作为胶黏剂。由于该件书画为绢本,尺幅较大,皮纸具有较好的强度,采用皮纸作为修复纸可以很好地减少修复过程中文物尺寸变化造成"崩裂"。修复过程中要充分考虑到画芯情况,选择尺寸稳定性和强度好的手工纸作为修复材料,通过几层不同修复纸的搭配,最终达到修复后书画文物"薄、平、光、软"的效果。

结语

可用于文物检测分析的方法有很多种,需要根据不同的文物材质、文物的实际状况以及各类不同分析仪器所适用的测试条件等各方面因素进行综合考虑,然后选择合适的方法来对文物进行相应的分析。如何将多项无损测试技术联合运用,并加以规范化,以最小的损伤,获取更多的信息,建立完整的纸质文物无损分析体系,是今后需要继续深入研究的工作。■

(照片提供:徐文娟)

作者简介
徐文娟,上海博物馆副研究馆员。

注释
①徐文娟.无损光谱技术在纸质文物分析中的应用研究进展[J].文物保护与考古科学,2012(S1):41-44.
②王菊华.中国造纸原料纤维特性及显微图谱[M].北京:中国轻工业出版社,1999.
③裔传臻.拉曼光谱在纸质文物研究中的应用[J].文物保护与考古科学,2018(3):135-141.
④Christian F, Ioanna K. Multispectral and hyperspectral imaging technologies in conservation: current research and potential applications [J]. Review in conservation, 2006(7).
⑤上海博物馆.莱溪华宝——翁氏家族旧藏绘画[M].上海:上海书画出版社,2019:58.

惊"潮"：树欲静而"风"不止

黄沂海

由晚清步入民国时期，金融业与社会经济捆绑得更加紧密，"晴雨表"的功能也愈发凸显。资本市场本身的迅速发展与规模扩张，使得货币信用关系趋于多元化和复杂化，伴随着信用风险的积累、放大与扩散，金融风潮的发生也就成为大概率事件。盘点这一系列具有教科书意义的风险乱象，尽管有其纷乱庞杂、盘根错节的时代背景，但透过"风"声鹤唳、"险"象环生的境况，探寻风险的源头及本质，对于今人来说又何尝不是一种警示借鉴。

假之困：1903 年挤兑风潮

18 世纪初，一起被称作"洋火门"事件的假币案，引发了中国银行业历史上第一次挤兑风潮，而始作俑者却是心怀鬼胎的日本浪人。

江湖上，对于制造假钱坑蒙行骗的宵小之徒，谓以"火门"。这是因为早期中国的货币一般为金、银、铜等金属铸币，冶炼伪造假币都需要"火"。清朝末年，列强入侵，外国不法之徒蠢蠢欲动，参与伪造中国货币，日本人中井义之助及其团伙则将黑手伸向了华人自己创办的第一家银行——中国通商银行。

1897 年 5 月 27 日，中国通商银行在黄浦江畔呱呱坠地，实收资本金 350 万两，其中，100 万两来自创始人盛宣怀主管的轮船招商局和电报局，100 万两来自李鸿章等官员投资，其余为商股。翌年，经清政

府批准，中国通商银行开始发行银元和银两两种钞票，也称银行券。至1935年国民政府取消其发钞权为止，中国通商银行的钞票发行期长达38年之久，成为中国近代史上发行钞票历史最长的商业银行。

挤兑风潮发生在1903年，中国通商银行开业经营刚刚进入第六个年头。2月4日，春节刚过，一位钱庄伙计手持中国通商银行五元券来到该行柜台兑换现银，工作人员发现钞票号码有异，仔细辨别后，确认系伪票无疑，便把来人押送至巡捕房查个究竟。"通商银行不予兑换自家发出的钞票，反而联合官府逮人！"的消息瞬间不胫而走，"市中大闹"，各家钱庄纷纷对中国通商银行的钞票挂起"免战牌"予以拒收，一些小型钱庄甚至乘机索取兑换贴水，坐收渔利，一元券贴水起初为一角几分，很快便涨至二角几分。

"铜钿银子关心境。"百姓闻讯，无不担心荷包蒙受损失，争先恐后地持票奔向中国通商银行兑现，一时间银行门口排起了"长蛇阵"。市场上假票相继出笼，聚少成多，除了五元券外，又出现了十元券，而银行的态度却让市民心灰意冷，一旦查获仅是"盖一伪钞印章，并关照持票人应将伪钞保存好，俟调查结果再行办理"。更有甚者，竟将假券当场撕毁或收回，不予兑换，愈加激起客户的恐慌和不满情绪。短短几天里，挤兑者将外路6号通商银行大楼围个水泄不通，地痞流氓煽风点火，浑水摸鱼，人群中跌伤者有之，遭窃者有之，哭喊者有之，场面乱成一锅粥。其时《申报》报道："初九、初十，聚者尤众，无赖等乘机哄闹，调中西巡捕二三十人弹压，犹不能止，乃取救火器至，激水以散众人。"

身在北京的盛宣怀听闻挤兑风潮后，深感局势千钧一发，银行信誉岌岌可危，为挽回市民信心，维护机构信誉，当即拍板调取库存银100万元，又凑了金条银锭乃至自藏的私房钱，向汇丰银行拆借了70万元，委托汇丰银行代为收兑。2月8日适逢星期天，按照惯例银行打烊休息，但盛宣怀决定破例开门揖客，并延长营业时间，将白花花的百余万元现银置放于大庭广众之下，随到随兑，来者不拒，三天内兑出50万元。不出一周，民心渐趋稳定，风潮暂告平息。

"假币幽灵"是谁释放的？负责印制通商银行钞票的英国汇丰银行对此颇为难堪。也巧，这时有个日本人带着4000元伪钞到汇丰银行兑换被当场识破，抓了个现行。经租界巡捕审讯，这个名叫中井义之助的日本人伙同他人，在日本大阪郊区几所民房伪造了至少30万元的中国通商银行钞票，分批运至上海、天津等地冒充使用或兑换。根据中国驻日使馆提供的线索，日本警察随后在同案犯居处缴获了印刷伪钞的机器和大量伪钞。然而，"弱国无外交"，日本当局竟答复盛宣怀"伪造他国票日律无专条"，让以中井义之助为首的犯罪团伙逃脱了法律的制裁。

经过挤兑风潮一折腾，中国通商银行元气大伤，损失惨重。自1899年至1904年数年间，存款由397万两缩水为189万两，放款从582万两下降到261万两，1898年发行钞票共63.2万两，1904年则降为9.3万两。此外，误收假票处理报损、聘请中西巡捕维持秩序的费用等，也是一笔不菲的开支。

骗之灾：1910年股票风潮

银行有挤兑之虞，股市有崩盘之忧。1910年，上海滩爆发了震惊中外的"橡皮股票风潮"，导致大量钱庄倒闭、商家歇业，众多投资者倾家荡产，因巨额亏损而自杀者有近百人之多。

这场金融风潮的主角"橡皮"即为橡胶，清朝末期，这一因世界汽车工业的兴起而"窜红"的原材料进入中国百姓的视野，坊间称经营橡树种植业的公司为橡皮公司。20世纪初，新兴的橡胶业崛起于南洋一带，好多橡胶种植园因此赚个盆满钵满，价格暴涨令投资者趋之若鹜。一些利欲熏心之徒便心生歹计，利用民众"人无横财不富"的投机心理，组织假橡胶公司招摇撞骗，做局者大多为前来"冒险家乐园"混迹的外国商人，也有华人买办参与其间。这类扯虎皮拉大旗的皮包公司，纯粹在玩"空麻袋背米"的资金游戏，有的顶多在南洋圈了一小块空地，就极尽吹嘘夸大之能事，迫不及待地发行股票引人入彀。其中动静闹得最大的，当推英国商人麦边。

早在1903年，麦边依靠申城张罗起一家"兰格志拓植公司"。刚开始五六年几乎没有什么业务，推出的股票也无人问津，直到世界生胶价格倏然猛涨，麦边感觉机会来了，便托人在报纸上刊登了《今后的橡皮世界》一文，竭力鼓吹橡胶行业的诱人"钱"景。同时，他又承诺，股票可随时向银行押款、每季度发给股息等，骗取社会公众信任，还暗中唆使同伙收买股票，拉抬起价格后即以更高价抛出，人为抬高"兰格志"股价，使财迷心窍的投资者蜂拥而至，不惜倾其所有，争相购买"兰格志"股票。

火爆的交易，丰厚的利润，令一贯处事严谨的外商银行也垂涎欲滴，忍不住跻身其中分一杯羹，纷纷对橡皮股票的押款业务"开绿灯"，视银根松紧，抵押折扣可以放宽到五成至八成。各大钱庄和华商银行更是群起效尤，火速加入橡皮股票抵押借贷阵营。至此，投资者买进股票后即可向银行钱庄抵押贷款，贷得款项后又向证券市场买进股票。如此"滚雪球"般更番套购，使得橡皮股票犹如脱缰野马，涨势无可遏制。票面100荷盾（荷兰货币，当时每100荷盾约合60两白银）的"兰格志"股票价格竟被哄抬至每股1000余两白银，超过股票面值十七八倍。

把橡胶"空手道"玩成财富"快车道"，1910年7月，掌控骗局的麦边将所有股票统统脱手，佯称回国料理急事，匆匆撤离。一个星期过去了，兰格志拓植公司华籍员工电询联系老板却杳无音信，感觉不对，再查看公司账户，余额寥寥无几。消息传出，持股人如梦初醒，痛悔之余，忙不迭地将橡皮股票抛出，市场行情一落千丈，银行一概不予押款，股票顿成废纸一张。

受风潮影响，上海众业公所挂牌交易的近百种股票濒临绝境，90%以上的股票变成死市，"多米诺骨牌"还推倒了钱庄、当铺、银楼、商户，人心惶惶，市面萧条。钱业巨擘盛丕华事后如是描述："自去年（1910年）橡皮股票惹起市慌，一时风潮所及，震动全局，倒闭者有之，收歇者有之，驯至今年（1911年）则只存30余家，比较上年减去十之五六。"橡皮股票投机中陷得最深的正元、兆康、谦余3家钱庄当即宣布倒闭，源丰润、义善源两大庄号也不幸步其后尘。由于这些钱业龙头老大的分支机构遍布全国，往来钱庄和商号不可胜数，令南北各大工商业都陷入了无尽恐慌。

一团乱麻，一地鸡毛，一片哀号，面对金融惨况，上海道台蔡乃煌以"维持市面"为由，奏请向数家外资银行借银350万两，以资周转头寸，缓和人心。尽管过后狂潮渐趋平息，但泡沫戳破后的残局，仿若刻刀在民众心头留下的一道伤痕，绝非一块"橡皮"所能擦抹干净的。直至1937年上海沦为"孤岛"，国际橡胶行业复苏，价格回升，老百姓好了伤疤忘了疼，橡皮股票重新变成投资热门，此乃后话。

跌之祸：1921年信交风潮

"天下熙熙，皆为利来；天下攘攘，皆为利往。"橡皮风潮的阵痛尚未褪尽，一些商人又卷进了一场由于滥设信托公司和交易所而引发的信交风潮，因发生在1921年（民国10年），又称"民十风潮"。

这场被称为近代中国最大的"股灾"是怎样起始的？这得从虞洽卿、戴季陶等人于1920年7月创建的中国第一家交易所——上海证券物品交易所说起。此时正逢第一次世界大战结束，国际市场需求骤降，国内市场洋货竞争加剧，社会游资寻不着"投资蓝海"，大批初创企业却嗷嗷待哺，这就给新生的交易所和信托公司提供了担纲"资金媒介"的用武之地。上海证券物品交易所经营顺风顺水，开张仅半年就净赚50余万元，折合年利润率高达80%，而其时银行对工商企业的放款利率只有10%左右。因而，不少投机者连什么是信托、交易所都没弄明白，便将其视作有暴利可图的"摇米机"，各色人等一哄而起，纷至沓来，生怕错失了发财良机。充斥于市的游资潮水似地涌入信托交易领域，一时间申城"同声附和者，风起云涌"，至1921年夏秋之际，上海一地便诞生了140余家交易所，信托公司也有12家之多，甚至出现了"仅挂一筹备招牌，其一元一股之认股证，执有者亦居为奇货"的怪象。纵览行业分布，除了公债、股票、标金、棉纱之外，连烟、酒、布、麻、煤油、火柴、砂石、泥灰等行业，也相继挂出了交易所的招牌。

雨后春笋般冒出的交易所，有的专门从事证券投机，有的兼做物品买卖，但多以炒买炒卖股票债券为主营业务，暗地抬价，牟取暴利，交易时间也大大延迟，疯狂程度可见一斑，这为日后的大崩溃埋下了伏笔。洋人发行的《字林西报》载文评论："上海华人自投机于橡皮股、卢卜票大损失以后，又转而从事于更为危险之一种游戏，即以货券交易所为投机物是也。"

按照1914年颁布的《证券交易所法》，一个地方同种类型的物品或证券的交易所只能设立一家。这些滥设的交易所自知难以获得政府批准，便纷纷进入租界寻求庇护和注册领照。而租界当局只管收取注册费，睁一眼闭一眼，来者不拒，也成为这波风潮的幕后推手。

这批非银行金融机构，家底单薄，哪里经得起证券市场的风吹浪打！畸形繁荣的信托公司和交易所扰乱了市场秩序，经营风险越聚越多，租界当局迫于压力出手整治，加上一些讲究稳健的银行有鉴于橡皮股票风潮的教训，对从事投机的信交机构抽紧银根，遇有危机萌芽立刻拒绝放款。这样一来，靠借贷为生的投机者资金运转失灵，证券价格暴跌，只剩下破产一条路了。

物极必反，一场巨大的泡沫散去，众多信交机构一夜消失，市值蒸发，股票信誉扫地，投资者所遭受的损失更是难以估量。1921 年 12 月 9 日《申报》以《企业界之噩耗》为醒目标题，登载了三则破产消息，其中一则记述：“某交易所经纪人郑志杰，在新闸地区开有花厂花行各一，于纱花两业中交易素有声势。近因所营棉纱棉花证券等买卖处处失败，不能支持，于前日倒账逃匿，计欠亏南北市钱庄及厂家等款约十余万金。”那段时间，媒体上关于投机者因亏空而跳楼、服药自尽的新闻，连篇累牍，触目惊心。

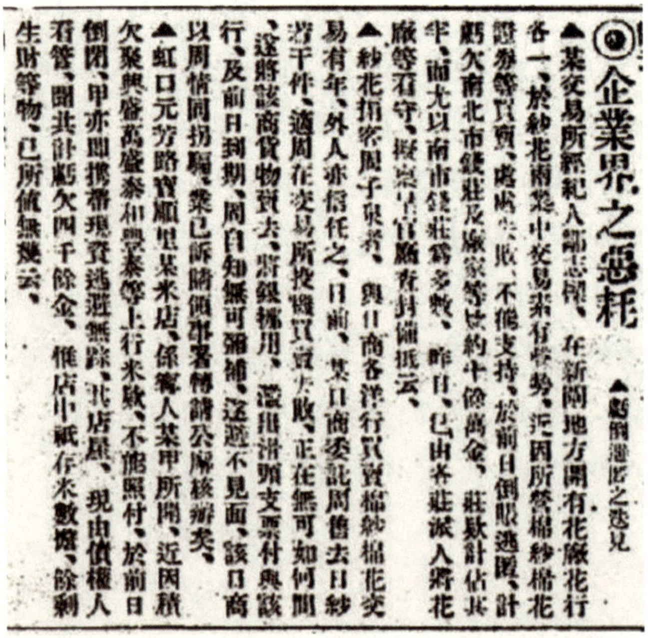
◎企業界之噩耗
▲某交易所經紀人鄭志傑、在新閘地方開有花廠花行各一、於紗花兩業中交易素有聲勢、近因所營棉紗棉花證券等買賣、處處失敗、不能支持、於前日倒賬逃匿、計虧欠南北市錢莊及廠家等款約十餘萬金、莊款計佔其半、而尤以南市錢莊爲多數、昨日、已由各莊派人將花廠等看守、擬稟呈官廳查封備抵云、
▲紗花掮客周子良者、與日商各洋行買賣棉紗棉花交易有年、外人亦信任之、日前、某日商委託周售去日紗若干件、適周在交易所投機買賣失敗、正在無可如何間、遂將該商貨物賣去、將銀挪用、嗣因洋商支票付與該行、及前日到期、周自知無可彌補、遂避不見面、該日商以周情同拐騙、業已訴請會審公廨核辦矣、
▲虹口元芳路寶順里某米店、係甯人某甲所開、近因積欠聚興盛萬盛泰和豐泰等上行米款、不能照付、於前日倒閉、甲亦即攜帶現資逃避無踪、該店屋、現由債權人看管、聞共計虧欠四千餘金、惟店中祇存米數擔、餘剩生財等物、已所值無幾云、

图 1　1921 年 12 月 9 日，《申报》刊登《企业界之噩耗》

至翌年 4 月，上海的华商交易所只剩 6 家，华商信托公司仅存 2 家勉强支撑。信交风潮不仅给了襁褓中的中国证券市场一记重重的闷棍，令多地证券交易所惨遭覆舟之祸，而且直接牵累了金融市场，社会经济一蹶不振。

信之殇：1932 年公债风潮

近代中国，广义上的公债是指政府发行的债票，中央政府和地方政府均会根据财政需要推出公债。南京国民政府成立后，军费开支与日俱增，财政连年出现窟窿，唯有依靠发行库券和公债弥补。1931 年末政府账面上需偿还的公债和库券共有 30 种，结欠本息总计 11.28 亿元，除去北洋政府的结欠数，国民政府结欠的本息约为 10 亿元，而当时国内一年的税收满打满算不到 6 亿元，严重入不敷出。

国债好销不好销，当然与国民经济休戚相关。17 世纪的英国政府发行的国债都镶有金黄边框，后人便把国债称作“金边债券”，流传至今。债券有无“金边”，不过是形式上的好看与否，老百姓的国债购买力，多半还是取决于对政府的信心。然而，处于动荡时局，政府发行的诸多公债库券往往不能按期还本付息，极度动摇了持有者的信心，上海证券市场上公债库券风波一度此起彼伏，“金边债券”成了“豁边债券”。

九一八事变爆发，东北沦陷。1931 年末，蒋介石被迫下野，由林森出任国民政府主席。新任行政院长孙科到财政金库里一盘摸，始发现囊空如洗。估量一

下政府的花销，每月军费1800万元，党政费用400万元，两者相加共需2200万元，而全国可得收入仅有上海的税收，每月700万元，其他关税已被各省"借用"，根本无法维持政府的正常运转。情急之下，孙科召集国民党中央委员在上海开会，主张停付公债库券本息，挪用国债基金3400万元作为政府开支，期限为6个月，打算回南京后提请中央政治会议通过实行。闻讯后，沪上工商金融界人士连忙赶往行政院质询，孙科予以默认。突如其来的公债风潮一触即发。

一时间舆论哗然，民心焦灸。遭此冲击，九一八事变后长期低迷的上海证券市场瞬时萎靡，华商证券交易所开市后，公债库券价格一路滑梯式下跌，投资人咒天骂地。危急关头，中国银行总经理、全国经济委员会委员张嘉璈寝食难安，邀集公债基金委员会主席李馥荪和商会主席王晓籁碰头商议，认为停付公债库券本息是"自害害民、自杀杀人之举"，要求政府维持公债信用。1932年1月12日，上海市商会、银行公会和钱业公会"三驾马车"齐齐行动，召集持有公债的大户成立持票人会，向南京国民政府提出强烈抗议。

群情激愤，反对之声此起彼伏，孙科自感众怒难犯，又怕局面失控收不了场，只得与银、钱、商界代表谈判协商。一番唇枪舌战后，决定缩减政费和军费两项开支至每月1800万元，可用的上海税收为700万元，每月所缺的1100万元由金融界帮忙调剂头寸，但前提是政府必须撤回停付公债本息的决定。孙科无奈妥协，1932年1月17日深夜，行政院电告上海各金融组织："……现政府决定维持公债库券信用，并无停付本息之事。"

屋漏偏逢连夜雨，旋即淞沪抗战爆发，商市冷冷清清，生意凄凄惨惨。张嘉璈与李馥荪一核计，为防夜长梦多，必须尽快制定一个公债还本付息整理办法，以平衡多方权益，建议政府将公债延期还本，降低利息，"公债库券本金一律先付半数，将还本期限延长。库券息金减为月息五厘，公债统改为年息六厘""减息之后，无论政府如何困难，不再牵动基金和变更这次所定办法"。整理公债的举措，减轻了政府负担，避免了持票人的更大损失，很大程度上维护了银行利益和证券市场的稳定。

雨歇风止后，孙科黯然下台。

乱之痛：1947年黄金风潮

如果说金圆券改革是压倒国民政府的最后一根稻草，那么1947年上海滩掀起的黄金风潮则是这场"致命危局"的导火索。

通货膨胀是纸币出现之后才产生的。因为在金属铸币时代，货币无论怎样贬值，总得有一些铜、铁做铺底，"穷归穷，屋里还有三担铜"。到了纸钞时代，则全凭发钞当局的胆量了。抗战结束后，国民政府一心准备内战，为支持日益庞大的财政开支，大量发行纸钞，从而引发通货膨胀，法币急剧贬值。同时，民生必需品价格上扬，日用洋货普遍上涨1倍，物价狂飙。至1946年2月8日，上海物价指数是抗战前的

1.2万倍。

局势飘摇，民不聊生，怎么办？时任行政院院长宋子文自恃手头掌控着中央银行库房里的900万两黄金、10亿美元外汇和大量的美援物资，决定向社会大量抛售黄金现货，以抑制通货膨胀，弥补财政赤字，稳定物价民情。

从1946年3月开始抛售黄金，起初三个月还算风平浪静，但宋子文高估了局势。全面内战爆发后，军费开支扶摇直上，国民政府为挽救财政危机，依仗滥发纸币来支撑局面，金融市场出现深幅波动。布衣百姓纷纷抢购黄金以自保，申城同丰余、太康润、大丰恒等5家指定销售黄金的金号银楼被踏破门槛，造成黄金价格一路高歌猛进，场面混乱不堪。是年6月，金条卖出19982根，买进只有402根，市场天平彻底失衡，表明公众对未来预期的悲观情绪以及对法币的极端不信任。

到1947年1月，面对依旧无法遏制的疯狂需求，中央银行库存金条即将见底告罄，宋子文又动用中航运输机将重庆库存的厂条也运来抛售应急，然而杯水车薪，无济于事。外滩中央银行大楼外围被"轧金子"的人流挤得水泄不通，踩踏事件频频发生。对此，中央银行无奈于2月8日暂停抛售，但事态并未得到根本扭转。一方面，黑市兴风作浪，愈发猖獗，市民横遭盘剥；另一方面，因黄金抛售仅在上海一地进行，且金价存在"地区差"，于是各地投机者竞相抵沪抢购，北平、重庆、广州、武汉等大城市到上海的航班常常被包机，以致机票价格也随同黄金"比翼齐飞"。一浪高过一浪的黄金抢购风潮，牵动了外汇的神经，人们又把争抢目标转向美元，2月初短短几天里，美元价格暴涨了一倍半，库内美元同样濒临枯竭。

蒋介石这才恍然大悟，宋子文几乎要把国库掏空了。他大发雷霆，要求国民政府迅速颁布《经济紧急措施方案》，其中规定："禁止商民买卖金条金饰；禁止用黄金代替通货；禁止人民携带黄金；禁止抢购囤积重要物资；限期限价收购黄金……凡违反者，没收所有黄金或由中央银行照牌价兑换法币。"此后，警察局加大对商户的搜查力度，并鼓动相互检举告密。譬如有一商户被举报抢购黄金，警察将他的商铺、居处里里外外搜了个底儿朝天，连女性佩戴的首饰也不放过，商户蒙受冤屈，哭辩无门。一介庶民为求保本保值而购买的黄金美元，风潮过后全都被当局席卷一空。

鉴于法币病入膏肓，南京政府急病乱投医，于1948年8月再次进行币制改革，规定金元为本位，开始发行"金圆券"，以1比300万的比率，收兑急剧贬值的法币。谁料想，金圆券以更快的速度膨胀，前后不到十个月，发行总额达1303046亿元，堪称天文数字，比原规定的发行额20亿元增加六万五千余倍。

对于大多数节衣缩食、勉强养家糊口的芸芸众生来说，物价上涨所带来的实际购买能力的削弱，让他们一贫如洗的生活雪上加霜，老百姓口袋里的财富遭遇空前掠夺。当年报纸在叙述通货膨胀的情状之余，每每以感伤的口吻作出总结："商民莫不叫苦连天，薪水阶级更苦不堪言""一般贫民大受威胁"。

风潮暂息,纷乱难解。那个年月,人们核算日常经济成本,纷纷改用米、煤、油、布等紧俏商品计价,全国不少地方退化到物物交换的原始交易形态。通货膨胀下的人心恐慌与社会动荡,也预示了国民政府即将寿终正寝。■

■ 作者简介

黄沂海,上海银行博物馆馆长。

峥嵘岁月

历经证券、期货二十二载，望勿辜负宇宙一瞬

——一个知识分子投身于中国资本市场历程的自我简述

肖成

初遇广发证券公司

2016年5月，当我年满六十岁，达到法定退休年龄，作为广发期货有限公司第一个退休员工，领到记载我人生重要阶段性标志的"退休证"时，不免感慨万千，思绪连连。虽然，从此我将踏入人生新的历程，生活方式和生活内容将有所变化，但回首往事，每一步都记忆犹新。

从1994年南开大学博士毕业到2016年，我未曾离开过广发证券集团，就我个人精神财富的累积而言，退休前的这二十二年是极为绚丽的二十二年。因为在这二十二年里，我有幸融入了中国改革开放的大潮之中，成为受益者之一；在这二十二年里，我也有幸经历了中国资本市场的波澜壮阔，成为重要见证者之一；在这二十二年里，我有幸在广发证券集团创始人陈云贤的领导下，成为公司发展的参与者之一；尤其重要的是，在这二十二年里，我有幸在中国的期货及衍生品风险管理市场中，成为"开疆拓土"的一员，全面负责广发期货经营管理工作十四载，为中国期货行业的发展作出了一点微薄的贡献。设想一个人若能长寿活到一百岁，折算为天数也就三万六千五百天，这三万多天，对于存在了百亿年的宇宙而言，也就弹指一挥间，如果有幸能做一些事，也算不辜负这宇宙的一瞬间。

我与中国证券市场的缘分，应该说是从遇见了广发证券集团创始人陈云贤开始的。我于1991年考进南开大学经济学院读博，当时师从研究中国近代经济史的郭士浩先生。在博士学习期间，郭先生不幸因心脏病逝世，我不得不改由著名经济学家魏埙教授指导，因此我的博士研究方向改为"西方经济学"。1993年下半年，我在完成博士论文初稿后，一边等待导师给我审稿，一边接到了南开大学经济学院让我到广州去讲授《西方经济学》的任务。当年南开大学经济学院和广东社会科学院在广州联合招收在职研究生，主要为在广东金融学院中的银行、信托、保险等机构的本科毕业员工，系统讲授经济及金融学理论知识。当时中国大地正在掀起经济改革的浪潮，南国的广州和深圳已成为改革的热土，这也是许多青年学子十分向往的地方。我在授课之余提到了自己博士毕业后将面临工作选择的问题，十分巧合的是，我授课的学生中，有一位是来自广东发展银行的陈阳同学，他告诉我广东发展银行下属证券部的部门总经理陈云贤先生是北京大学的博士，让我不妨与他谈谈，也许博士之间会

肖成

有许多共同的话题。得知这个信息后，我专门到设在广州环市路的广发银行证券部拜访了陈云贤先生。他了解了我的情况后，建议我先来证券部实习。他说，我们这些学历很高的博士，虽然具备了一定的理论基础，但中国的证券市场刚刚起步，存在很多问题，需要在实践中不断地学习。我印象十分深刻的是，他还特别提到当时在证券部有一个叫马庆泉的博士，已经是中共中央党校的教授了，但仍然与大家一起奔走在投资银行的第一线，跑项目、写资料，没有一点架子。他希望我在实习过程中，了解公司，了解证券行业的发展，也了解自己是否适合在这个行业工作。那次谈话前，陈云贤先生已经给我留下了深刻的印象，因为在未认识他之前，我翻阅了陈云贤先生的相关资料，他毕业于北京大学，师从著名经济学家萧灼基先生。陈云贤先生是中国第一位系统研究证券市场基础

理论并进行中外对比的学者，现在他南下广州，成为广东金融行业第一位开创证券事业的博士。

1993年底，我借在广州授课之机，还意向性地接触了广州的暨南大学经济学院和深圳一家叫新世纪的民营企业实业集团，为此还专门去深圳的那家民营企业实习了一段时间，为博士毕业后的工作不断进行着比较和思考。其间我有一次在深圳火车站旁的香格里拉酒店会见同学，恰遇陈云贤先生在深圳证券交易所办完事后，也在这个酒店办退房手续。他见到我之后问我工作选择的结果，并向我介绍了广东发展银行证券部的发展想法，下一步他们将从证券部分离出来，成为广东广发证券公司，将会有更大的平台，像我们这样的博士借助中国证券市场的发展，施展抱负的平台也将会更加开阔，他希望我早日做好自己的选择。

那次交谈后，我思考了许久。相比而言，广东发展银行属于金融行业，其工作环境和薪酬待遇与我接触的民营企业和高校相比，应该说是十分诱人的。客观地讲，我当时并没有陈云贤先生那样的家国情怀，但他的人格魅力对我是有影响的。与陈云贤先生两次谈话后，他为人真诚、胸襟广阔的品格打动了我。当我从深圳返回广州后，就立即向陈云贤先生汇报了我的决定，他对我的选择十分高兴，并于次日亲自陪我到广东发展银行当时在海珠广场的总部拜访了董事长武池新先生。因为当时证券部属于广东发展银行，所招收的博士等骨干人员还需要得到银行的认可。仅交谈了几句，武董事长就对陈云贤先生说，你招收的人员由你决定。当时的场景，让我感受到了董事长对陈云贤先生的充分信任，以及陈云贤先生对上级领导的尊重。

加盟广发证券公司开启新征程

1994年7月，我从南开大学博士毕业后，进入广发证券公司工作。在陈云贤先生的感召下，一批博士来到了广发证券公司，第一批有马庆泉、张鸿翼、吴新群、邹日、张建军、林基芳，紧接着的是方加春、李建勇等。在中国证券市场的初期，广发证券公司的"博士军团"闻名遐迩，我们与公司的所有员工一道，从南国广州崛起，成为中国投资行业的一支"铁骑之师"。公司随着中国资本市场的发展也一步一步地成长壮大。

最初，我在广发证券公司开发部工作。这是广发证券公司投资银行部的前身。当时的经理是董正青先生，他比我早一年到广发证券公司。部门共有七个人，分管投资银行开发工作的是叶俊英副总经理。由于当时负责企业在证券市场发行承销的都是摸索着前进，广发证券公司在资本市场中创造了许多行之有效的发行模式。我刚到公司时，时任公司总经理马庆泉博士让我和刚从上海财经大学国际会计系硕士毕业的江作良先生一起将公司的投资咨询工作开展起来，我们将各种媒体报道和市场分析用简报的形式进行编辑，然后通过传真的形式发给公司的各个业务部门和分支机构。当时市场不大，但每天还是有许多信息需要我们进行筛选、分类、归纳并进行传播。除此之

峥嵘岁月 EVENTFUL YEARS

外，我还与公司开发部同事一起去广东有意向上市的相关企业进行接洽，了解并制订上市方案。这样的工作很辛苦，但也十分具有挑战性。

再接再厉东征上海

随着中国证券市场的发展，广发证券公司规模日益扩大，分支机构也不断增加。1994年10月，因为原来负责筹建广发证券公司上海营业部的苏应标同志调回总部工作，公司决定派我去上海营业部担任总经理。当我接受陈云贤先生的委派后，内心的喜悦不可言状。因为当时证券公司营业部不仅责任大，而且权力也大，更重要的是它的地位也不低。优越的工作条件，让我的个人虚荣心膨胀到了极点！一段时间后，我开始自我反省，作为一个知识分子，不应该流连于自己优越的工作及生活条件，而应该在工作中贡献力量，树立起在广发证券公司建功立业的雄心，只有这样才能无愧于信任我的陈云贤先生，也能无愧于给予我极优工作平台的广发证券公司。这是陈云贤先生以及公司领导团队榜样的作用，中国证券市场蓬勃兴起给予我们这一代知识分子创造了大展拳脚的机会。

我虽然是经济学博士毕业，但对于中国证券市场发展中的许多理论和实践问题，还得从头学起，尤其是证券市场的许多金融实务，只能依据当时当地的实情和市场去认识并加以解决。

在上海工作期间，有两件事情我至今印象十分深刻。一件事是公司发行新股。当今，随着电子化的普及和资金划转的便利性，证券市场每天都可以发行好几只股票，对于投资者而言也仅仅是在手机上动几下手指而已，可是在20世纪90年代初，这却是一件十分重大的事情。当时由广发证券公司承销的"星湖味精"（现改名为星湖科技）在上海证券交易所上市发行股票时，我们上海营业部自然成了投资者认购的分销点，当时投资者不仅要排队获得申请表，同时还需另外排队打单、付款等。若投资者开设账户的银行与广发证券公司发行新股所指定的银行不同，则资金经由投资者的开户行划到公司后，再由中国人民银行统一划转到指定的银行。但许多投资者担心时间太长，不能及时申购新股，就直接用简易包装携带大量现金到柜台排队办理股票认购手续。当时为了防止由此引发重大抢劫事件，广发证券公司总经理陈云贤先生亲自从广州飞到上海，与当时的中国证监会领导以及时任上海证券管理办公室副主任张宁亲自到营业部检查次日的新股申购安全保障工作。新股申购日，上海市公安局经侦大队还调配专门人员到现场维持秩序，以确保业务活动的正常进行，这就是早期证券市场的一些经营实态。

另一件事是广发证券公司发展中的收购行为。翻开广发证券公司的发展历史可以看出，公司由小到大，其中一个重要途径就是通过在市场上收购兼并同业公司，使得广发证券公司在中国资本市场的各项服务能力不断增强，从而实现了跨越式发展。广发证券公司最初的收购就是将广东发展银行的下属各证券营业部收购到广发证券公司旗下。当时我负责收购了广

东发展银行佛山分行在上海鞍山支路的营业部，这中间涉及各种账务的处理、客户的安排、人员的重组等一系列问题。在总公司领导下，我们都顺利地完成了任务，而对于我个人来说，由此带来的能力的提高也是前所未有的。

肩负使命勿忘脚踏实地

随着中国证券市场的不断发展，证券从业人员逐渐成为许多人羡慕的群体。广发证券公司上海营业部这个平台，让我在工作荣誉感和生活上都达到了同时代知识分子中较好的状态，唯有脚踏实地尽职工作才能回报公司的充分信任。当时我经历了一件印象深刻的事情，让我对金融证券的认识进一步升华，个人思想也有了更深层次的触动。

上海是中国的金融中心，也是中国证券市场的重要中心，具备许多让广发证券公司创造更好业绩的条件。我被派到上海工作之前，广发证券公司上海营业部在从事国债期货交易中出现了较大的亏损，为了弥补亏损，我想尽快找到一个好的业务方法，使上海营业部早日实现盈利，这样才对得起信任我的广发证券公司领导，也对得起我当时的职务。因此，我联合一家上市公司共同"坐庄"，在合适时机用共同的资金入市买卖，利用市场机会迅速地获得较大利润，由于时机把握得好，我们实现了预期的目标，广发证券公司上海营业部当年也实现了盈亏平衡。但由于这种投资行为属于违规行为，我承担领导责任并受到了市场监管部门的警告处分。这件事对我触动很大，开始还为自己没有获得一分私利而受到处罚倍感委屈。陈云贤先生到上海与我进行了一次深入的谈话，他不仅严厉地批评了我的错误行为，而且明确地指出了金融风险防范以及合规经营的重要意义。

经过反思，我认识到由于法律和制度不健全，确实会出现许多经营的"灰色地带"，但这绝不能成为不合规经营的借口。作为个人也不应将对个人感情的"报答"当作自己工作的动力。在证券市场风险高发的业务中，既然公司领导充分信任地将一个平台交给我，不仅要"能做事""做好事"，而且要"不出事"。这是对自己和家庭负责，对公司来说也是能否"长治久安"的重要保证。后来中国证券市场的发展证明，唯有在防范各种风险的基础上开展各项业务，证券公司才能在"长跑中胜出"。回首历史，我亲眼见证了证券市场中曾经显赫一时的证券公司相继倒下，而广发证券公司正是因为紧紧守住了不发生公司系统性风险的底线，合规经营，化解了公司内部与外部各种风险隐患，才能始终在证券市场的各种激流险滩中一路向前。

这次事件让我的认识上升到了一个新的高度，即我们在广发证券公司所做的所有业务和管理工作都应该看作与自己息息相关的一份事业，只有在这种事业心的驱使下，才能真正做到不计私利，忘我工作，同时在不断地学习新生事物中，不断地发现自己的创新性思维能力，不平庸，不傲娇，学会在重要事件上为公司着想并提高自己的判断力。尤其是在巨大的私利

诱惑下，能从事业心的角度去做事、做人。

在中国早期的证券市场发展中，由于制度不健全，有许多漏洞会让不自律的人员获取暴利的"灰色收入"，而在广发证券公司"知识图强，求实奉献"的企业文化氛围中，大部分知识分子都经受住了"私利"的巨大诱惑，这不得不说是陈云贤先生及其领导团队在公司起到了极其重要的"言传身教"示范作用。

在广发证券公司初期的投资银行业务开发工作中，公司作为立足于广东的券商，瞄准的服务范围却是辐射全国。为了在中国的资本市场服务更多的投资者，我们积极拓展市场、开发客户。当时我用我的社会关系开拓了很多东北的企业客户，后来辽宁相继上市的许多股份公司，如锦州港股份有限公司、辽宁金帝建设集团股份有限公司、沈阳蓝田股份有限公司等，我都积极协助公司前去开拓发展。

由于在市场初期，券商中的万国证券公司、申银证券公司、海通证券公司以及深圳的君安证券公司等在全国各地名气较大，往往它们在各地开展投资银行业务时，相对具有优势。当我第一次去沈阳蓝田股份有限公司谈项目时，沈阳蓝田股份有限公司董事长翟兆玉认为广发证券公司只是区域性券商，在广东以外没有做过什么项目。而万国证券和海通证券在之前都已分别找过他了，我听后介绍了广发证券公司的优势，广发证券公司走出广东，到辽宁开展项目，这是我们在外省的初始项目，我们会十分注重项目的影响力，广发证券会举全公司之力来承销，调动投资银行最强的团队来策划完成，翟总听后感觉十分有道理，这为公司承销此项目起到了重要作用，这样的事例在广发证券公司的初期拓展市场中可以说比比皆是。

永远激励知识分子的广发精神

如果说进入广发证券公司之后，我一开始是"接触"广发证券公司的企业文化，后来担任广发证券公司上海营业部总经理算是"融入"了广发的企业文化，那么第三阶段就是践行"广发的企业文化"了。借助中国资本市场不断发展的强劲东风，我们这些知识分子在努力为公司创造利益最大化的同时，也努力提高自己的全面工作能力。

我在广发证券公司先后担任过多个部门的负责人，无论在哪一个部门，知识分子内心"建功立业"的事业心都能让自己做出令公司满意的业绩。

在公司发展研究中心负责全面工作时，我努力践行陈云贤先生对我们的三个定位，即为公司的战略服务，为公司的业务服务，为公司的人才形成"水库"的作用。除此之外，在当时证券公司研究团队品牌提升上，广发证券公司也打造出了独特的优势，我们的研究报告成为监管部门、政府部门以及机构投资者重要的参考资料。由于成绩显著，我在2000年至2002年荣幸地被选为中国证券监督管理委员会证券基金从业资格全国命题专家。

在负责公司培训中心工作期间，我通过1997年随上海证券交易所的高级代表团访问美国期间所结

识的美国高校资源，牵线搭桥让广发证券公司的中高层管理人员赴美国南加州大学进行了长、中、短期的业务及管理培训，为国际人才的储备打下了良好的基础。

在管理封闭式的广发基金工作中，核心团队中除我之外，还有余利平、刘晓艳、刘建洲、阮吉寿等。公司以客户的利益为核心，认真调研上市公司的经营状况，细致分析市场行情，努力把控市场风险，从而使投资者获得了较高的收益，受到了当时基金市场的一致好评。

广发期货开疆拓土

2002年，随着中国资本市场的不断发展，中国期货市场经过十年的清理整顿之后，也开始进入恢复性增长阶段。广发证券公司认为拥有一家自己的期货公司时机已成熟，这样才能更加有效地服务于公司较大金融资产的存量与增量。于是我们通过股权改造使广发期货公司重新成为广发证券公司的全资子公司，广发证券公司成为中国期货市场由券商控股期货公司的最早一批公司。2012年5月，我担任广发期货公司总经理，从此开始了我十二年全面负责广发期货公司经营管理工作的历史。

作为广发证券集团全资子公司，2002年广发期货公司注册资本金仅3000万元，除广州总部营业部以外，只有北京一家营业部。在当时全国120多家期货公司中，广发期货公司的综合业绩指标排在第97位，处于行业中下水平。当时的中国期货市场实际上与中国证券市场一样，都是在20世纪80年代末90年代初起步的，但由于早期期货市场野蛮生长，法规不健全，因1995年的"327国债期货事件"，中国期货市场进入了近十年的清理整顿阶段，全国300多家期货经营机构剩下100多家，全国期货交易所也只保留了上海期货交易所、大连商品期货交易所和郑州商品期货交易所3家。后来在中国证监会的统一监管下，随着《期货交易管理条例》的出台，中国期货的"春天"才真正地开始了复苏，广发期货公司正是在这样的背景下"起航"的。

我认为金融期货和商品期货没有截然的界限，在金融期货推出之前，利用现有的商品期货发展来培养我们的队伍，提高我们的市场影响力，对内可以为广发证券集团增加效益，对外则可以提升广发证券集团在中国期货市场上的影响力。这个想法得到了总公司领导的大力支持，并且让我在保证公司不出现任何系统性风险的前提下，将广发期货公司做大做强。在总公司领导的支持下，我确定了广发期货公司的经营原则，即"诚信、专业、创新、图强"。

事实上，当时的中国期货行业中，各家期货公司只注重市场的行情分析，这对于客户的投资认识确实是有益的，但我们除了坚持这一点之外，还在广发期货公司提倡并沿袭了广发证券公司将业务的发展上升到为国家战略服务、为实体企业投资者服务的高度的做法。我不断地在《中国证券报》《证券时报》《期货日报》等媒体上以广发期货公司的名义发表对行业

分析和对国内外衍生品市场分析的文章，在提升公司品牌效应的同时，也促使自己不断地提高期货市场的理论水平。在公司内部，每逢全公司骨干集中的半年和年终大会，我都将广发证券公司的知识分子"家国情怀"的企业文化对骨干们进行培训和强化，正是在这种"软实力"的培育下，广发期货公司取得了业绩逐年上升的良好结果。

从2002年广发期货公司排名第97位，到2003年进入全国综合业绩前二十名，到2004年进入全国前十名，其后十多年公司一直处于中国综合期货服务商"头部企业"行列。公司经纪营业部的网点也从2002年的一家发展到在全国各主要城市星罗棋布，并且成为全国第一批经中国证监会同意在香港设立分支机构的期货公司之一。广发期货公司每一步都吃了"头啖汤"，实现了公司在2003年确定的经纪业务"立足华南，辐射全国，连接香港"的目标，并且公司在期货的各项创新业务中实现了许多全国"第一"，我也代表公司参与了中国期货市场相继出台的重要法律与法规的各项讨论。

值得一提的是，广发期货公司在2013年全资成功收购了法国外贸银行旗下在英国的全资子公司，从而获得了全球包括LME在内的欧洲许多著名交易所的核心圈内会员资格。我们的收购是内地中资背景期货经营机构在海外全资收购的第一例，这是中国期货发展史上亮丽的一笔，也是实现公司确立的"规范化、集团化、股份化和国际化"目标的体现，为实现公司的国际化做出了重要贡献。■

（照片提供：肖成）

■ 作者简介

肖成，南开大学经济学博士，瑞达期货股份有限公司和广州期货股份有限公司独立董事。

曾任广发证券上海营业部总经理，广发证券发展研究中心总经理，广发证券培训中心总经理，广发基金常务副总经理，广发期货公司总经理、副董事长，广发期货（英国）公司董事长。曾任政协第十届广东省委员会委员，中国期货业协会第二届、第三届兼职副会长。

亲历创业时代：我在深圳的28年

杨东阳

1992年，刚毕业的我被深圳这片改革的热土深深地吸引了，放弃了家里人安排的舒适工作，只身来到深圳，屈指一算，至今已经整整28个年头了。

亲历深圳"8·10"风波

我来深圳不算最早，可仍然赶上了深圳轰轰烈烈的第二次创业。20世纪90年代初，深圳的生活条件和现在相比差很多，那时候除罗湖繁华一点儿外，其他区域仍是一片蛮荒，现在深圳证券交易所所在的市民中心当时还是满目荆榛。可特区火热的生活、勃勃的生机，深深地感染了我，让我平生第一次领悟到"日新月异"的真正含义。

1992年7月我来到深圳时，最热门的行业就数外贸和金融。当时金融还是以银行业为主，证券业处在发展初期，深圳证券交易所设立不久，虽然一些证券公司相继成立了，但投资者数量并不多，股票市场一直比较低迷。

当年8月，深圳发生了震惊全国的"8·10风波"，对我触动非常大。那时，大家买到"新股认购抽签表",就可以获得申购新股的权利,如果在一级市场申购到新股,在二级市场就意味着财富的成倍增值。8月,深圳计划发行500万张认购抽签表,中签率为10%,每人最多可持有10张身份证,购买10张认购抽签表。从7月底开始,深圳就像一块充满吸引力的巨大磁石,全国各地的人都揣着身份证涌向深圳抢购认购抽签表。有些证券营业部的铁门,甚至被投资者挤得变了形。整个城市,到处都是谈论股票的人,很多人都希望能通过股市赚到人生的第一桶金。

我当时也排过队抢购认购抽签表,目睹了因抽签表销售不规范而引发的数万人的混乱。这是我第一次涉足股票市场,第一次对证券行业有切身的体会,也让我对证券行业有了更深入的思考。我意识到中国的改革开放离不开资本市场的崛起,因为任何一个大国的发展,都少不了资本市场。我认为证券行业今后会有很大的发展,一定会从原始落后走向规范成熟,所以就毅然选择了这个行业。

华强北的第一家华泰营业部

当时华泰证券叫作"江苏省证券公司",正在深圳设立代表处,我有幸成为其中一名普通员工。整

图1　20世纪90年代初,"红马甲"杨东阳在深圳证券交易所

个代表处就3个人,租借了一套简陋民房中的一个单间。我和另外一位同事是公司在深圳证券交易所的第一批"红马甲"(穿红色背心的证券交易所内的证券交易员,也叫"出市代表")。早期没有远程自助交易,所有的客户交易指令都是通过电话报给我们这些交易员,由交易员敲进交易所的交易主机内撮合成交的。相比现在客户可以随时随地通过手机完成交易,当时确实原始很多。我们还要在收市后在交易所内完成清算数据核对,晚上再回代表处将数据传真给公司总部。

1993年,我参与筹建了华泰证券在深圳的第一家营业部,地址选在当时有"深圳华尔街"之称的华强北,当时有十几家证券公司的营业部聚集在这里。华强北那时是以生产电子、通信、电器产品为主的工业区,街道两旁基本都是厂房。我们就租用了华电通讯大厦的首层厂房,装修非常简陋。营业部有十几个员工,大部分是柜面人员,日常工作就是每天不停地接收客户的委托下单,那时还没有专业服务的概念。虽然营业部的客户和资产量都不多,但是我们一直在积极尝试除股票、债券外的商品期货、国债期货等多种创新业务。

翻天覆地的变化

从1993年到1997年6月,经历了几轮牛熊市后,营业部积累了一定盈利,购置了彩田路福源大厦1700平方米的物业,并迁至新址。2005年,公司托管亚洲证券,我被派到广州负责天河路营业部。后来,我又回到深圳,先在民田路营业部工作了两年,又回到彩田路营业部工作了七年。

28年的时间,我从一个初出茅庐的小伙子变成了成熟的中年人,在深圳成家立业。28年来,我目睹了深圳沧海桑田般的变化。我们公司最早的营业部所在的华电通讯大厦早已被拆除,变成了几十层高、漂亮的华强广场。公司在深圳的营业部,从1家发展到目前的15家,从只有3名员工到目前的几百名员工。当年的投资者大多只是初中毕业,交易也很原始,如今无论是信息技术,还是投资理念都已经发生了质变,

图2 杨东阳

投资者的心理素质以及判断分析能力明显提高,风险意识也越来越强。中国证券市场已发生根本性转变,正面临历史性的发展机遇。

望着办公室对面高耸雄伟的深圳证券交易所,我感慨万千!来深圳的这28年,作为华泰人的这28年,我已将自己融入证券业大发展的大潮之中。证券市场从早期的粗放型扩张向规范化、制度化发展转型的过程中,作为一名证券营业部的负责人,我感受颇深。从早期复杂烦琐的账户清理、三方存管工作到去年营业部全体员工利用每日下班和双休日时间向客户积极宣传科创板、注册制,有多少默默无闻的证券人在平凡的岗位上为中国证券业的发展无私地奉献着自己的青春。

在人人都忙着向前走的时代,懂得回头看来时的路,才能更理解将来的每一步。每当我回首公司发展走过的这一切,总是心潮澎湃,激情满怀。展望未来,我更加充满信心!■

(照片提供:杨东阳)

■ 作者简介

杨东阳,华泰证券深圳益田路营业部总经理。

已知存世最早的中国股票
——开平矿务局股分票

金星

在中国证券博物馆三楼中庭展区，陈列着一张光绪七年（1881年）的开平矿务局股分票，这是中国已知存世最早的股票之一。

开平矿务局创办于1878年，位于直隶滦州开平（今河北省唐山市开平区），是开滦（集团）有限责任公司的前身。在洋务运动时期兴办的官督商办企业中，开平矿务局成绩显著，它不仅率先把机器采煤的技术引进中国，生产了一大批优质煤炭，而且还集资修建了近代中国第一条标准轨货运铁路——唐胥铁路。为筹集开办资金，开平矿务局的兴办采用了招股募资的方式，是我国近代民族企业中较早采用股份制的企业。

开平矿务局股分票长24.1厘米、宽17.3厘米，版式为中国早期股票所独有的碑式，碑式的股票版式参照了中国传统执照、契纸的排版方式。在"风气为之大开"的中国股份制企业出现之时，面对股票采用碑式还是西式的问题，洋务运动的主要领导人之一李鸿章毅然表示："吾国钱钞、执照、牙帖起始者皆碑式，何非用西式耳？"故清代的早期股票版式多为碑式。

开平矿务局股分票正面均为文字，分为股票名称和股票正文两部分。股票名称为"开平矿务局股分票"，股票正文为：

开平矿务局为给股票事，案奉直隶爵阁督部堂李批准，设局招商开采煤铁等矿，札饬筹办等因，当经本局议定，先后招集股银壹佰贰拾万两，分作壹万贰仟股，每股津平宝纹壹佰两，一股至千股皆可附搭。俟见煤之后，所得余利按股均分。其应付利银之日，由局先为知照，凭折支付。今据送到股本，合给联票一纸、股折一扣、局章一本。收执须至股票者。

今收到<u>广东</u>省____府____县人<u>罗兰记</u>股银<u>壹佰</u>两正。

第<u>三千五百四十二</u>号至第____／____号

经收：<u>唐廷枢</u>

光绪<u>七</u>年<u>八</u>月<u>十二</u>日给

此票于（光绪）<u>十五</u>年<u>八</u>月<u>二十六</u>日归并____省立德堂名下

又于____年____月____日归并____省____名下
……

由股票正文可知，开平矿务局是由直隶总督李鸿章批准成立和督办的，这也强调了筹办的合法性。开平矿务局募集股本120万两津平宝银，分为12000股，每股为100两，参股1股到1000股皆可，待煤矿投产盈利后，所得利润按股均分，并由开平矿务局公告股利分配的时间和方法，股东凭股折可领股利，将股票一张、股折一扣和矿务局章程一本送达持股者本人。随后股票上还注明了股东籍贯、姓名、股银金额、编号、经收、日期等关键要素，该股票股东为广东省的罗兰记，股银为100两即1股，编号为第3542号，经收为唐廷枢。唐廷枢是洋务运动的代表人物之一，是中国近代著名实业家，曾任怡和洋行总买办、轮船招商局总办，时任开平矿务局总办。股票签发日期为光绪七年（1881年）8月12日，盖有红色"开平矿务

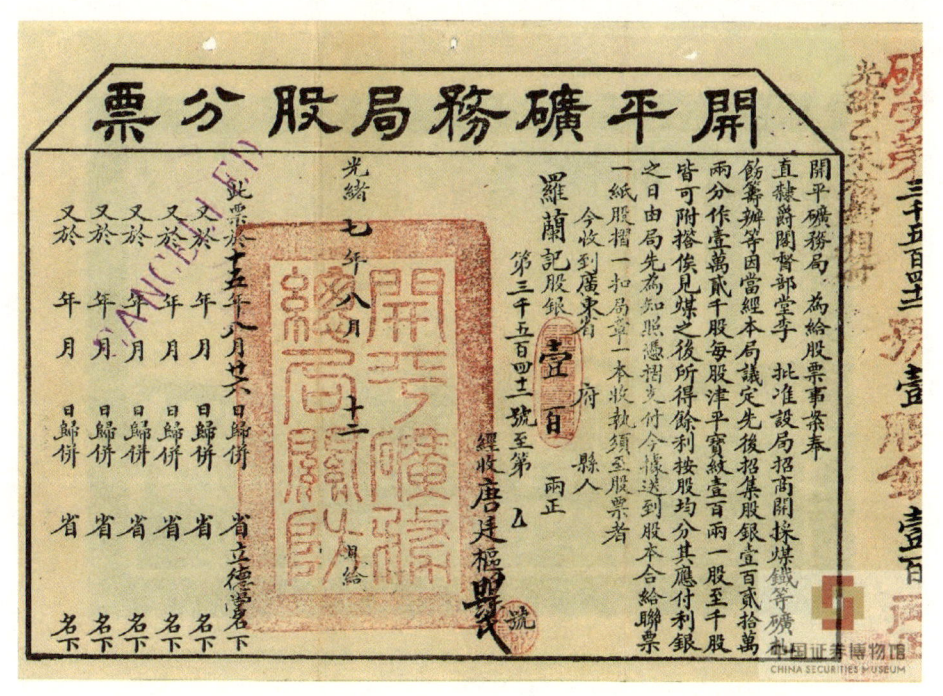

图1　开平矿务局1881年发行的股票正面（中国证券博物馆馆藏）

总局关防"印戳。股票左侧记有"此票于十五年八月二十六日归并到立德堂名下"的转让记录,这是已见最早的中国股票转让记录。值得一提的是,转让记录印于股票正面,是十分少见的,在清代的股票中更是仅见的。

股票的背面为雕刻版印刷的矿厂图。该股票有与之配套的息折及其封套,息折完整地记录了从光绪十四年至光绪二十六年(1888年至1900年)的13次股息付讫情况。

在开平矿务局创办之初,招股并不顺利,但到该股票签发的1881年,矿厂建成并开始出煤,绅商各界看好前景,乐于附股,股本迅速募足。随着近代中国创办工矿企业第一次高潮的来临,19世纪80年代,中国股市也迎来了历史上的第一次牛市。1882年6月面值100两的开平矿务局股票曾涨至二百四五十两。1882年8月12日的《申报》曾记载"每一新公司起,千百人争购之,以得股为幸"。但到1883年,上海爆发金融风潮,钱庄纷纷倒闭,股市转入熊市。1883年12月,开平矿务局股票已跌至60两以下。1884年1月23日的《申报》记载,"去年买卖股份之旺,几于举国若狂,乃不及一年而情弊显露,股票万千直如废纸"。后来,随着经营业绩的不断攀升,开平矿务局这样的绩优股价格开始逐步回升,但更多的公司股票从此一蹶不振。19世纪80年代,中国股市的第一次起伏,让国人认识了股票和股票交易,更深刻感悟了投资的风险。

开平矿务局股分票经历了中国股市的第一次涨跌起伏,给国人上了投资者教育的生动第一课。更因为它的出现,带动了近代中国的第一批股份制企业,它们面对外国列强,发挥了"堵塞漏卮""收回利权"的积极作用,推动了中国工业化的进程,促使中国社会不断进步。■

■ 作者简介

金星,中国证券博物馆副馆长。

中国私募基金监管政策大事记

复旦大学绿庭新兴金融业态研究中心

初建体系，探索前行（2005—2013年）

2005年

10月27日，修订后的《中华人民共和国公司法》被通过，并于2006年1月1日正式生效。公司制私募股权基金是指以公司形式存在的投资基金，其设立和运营要遵守《公司法》关于有限责任公司或股份公司的设立和运营规则。

2009年

1月23日，中国银监会印发《信托公司证券投资信托业务操作指引》（银监发〔2009〕11号），我国第一个规范证券类信托产品的文件出台，存在多年的阳光私募模式得到监管层认可。

2011年

根据《国家发展改革委办公厅关于进一步规范试点地区股权投资企业发展和备案管理工作的通知》（发改办财金〔2011〕253号）及《国家发展改革委办公厅关于促进股权投资企业规范发展的通知》（发改办财金〔2011〕2864号）的规定，股权投资企业的资本只能以私募方式向具有风险识别和承受能力的特定对象募集，不得通过在媒体（包括企业网站）发布公告、在社区张贴布告、向社会散发传单、向不特定公众发送手机短信或通过举办研讨会、讲座及其他公开或变相公开方式（包括在商业银行、证券公司、信托投资公司等机构的柜台投放招募说明书等）直接或间接向不特定对象进行推介。股权投资企业的投资领

域限于非公开交易的企业股权,投资过程中的闲置资金只能存放银行或用于购买国债等固定收益类投资产品。投资方向应当符合国家产业政策、投资政策和宏观调控政策。

2012年

6月7日,中国证券投资基金业协会(以下简称中基协)成立。中基协是基金行业相关机构自愿结成的全国性、行业性、非营利性社会组织。协会主要职责包括:制定实施自律规则,监督检查会员及其从业人员;制定行业标准和业务规范,组织从业考试、开展资质管理和业务培训;等等。

11月1日,《证券投资基金管理公司子公司管理暂行规定》正式实施,允许基金公司通过设立专业子公司开展专项资产管理业务。

2013年

3月15日,中国证监会发布《证券投资基金销售管理办法》,对包括基金销售机构宣传推介基金,发售基金份额,办理基金份额申购、赎回等活动进行了规范。

3月25日,国家发展改革委公布《关于进一步做好股权投资企业备案管理工作的通知》(发改办财金〔2013〕694号),要求各地抓紧推进股权投资企业备案管理制度建设,尽快出台地方性股权投资企业备案管理规则。各地方股权投资企业不备案而发起或管理公募或私募证券投资基金、投资金融衍生品、发放贷款将被认定为违规行为。

步入正轨,蓬勃壮大(2013—2015年)

2013年

6月1日起,十一届全国人大常委会第三十次会议表决通过的修订后的《证券投资基金法》正式实施,借鉴现行非公开募集基金实践和国外立法情况,将非公开募集基金纳入调整范围,并设立专章对非公开募集基金做了原则规定,加强了对私募基金的监管。这对于私募基金行业而言是一个里程碑式的事件。

6月30日,中央编办下发《关于私募股权基金管理职责分工的通知》,明确将私募基金划归证监会管理,由证监会实行适度监管,保护投资者权益。国家发展改革委则负责组织拟订政策措施,两部门协调配合。

2014年

1月17日,中基协发布《私募投资基金管理人登记和基金备案办法(试行)》,开启私募基金备案制度,赋予了私募基金合法身份,同时,私募基金作为管理人可以独立自主发行产品。中基协按照规定办理私募基金管理人登记及私募基金备案,对私募基金业务活动进行自律管理。中基协每季度对私募基金管理人、从业人员及私募基金情况进行统计分析,向中国证监会报告。中基协根据私募基金管理人所管理的基金类型设立相关专业委员会,实施差别化的自律管理。

5月9日,国务院发布《关于进一步促进资本市场健康发展的若干意见》（国发〔2014〕17号），为私募基金的发展方向定调：明确应建立健全私募发行制度、规范募集行为。对私募发行不设行政审批，并提出发展私募投资基金。按照功能监管、适度监管的原则，完善股权投资基金、私募资产管理计划、私募集合理财产品、集合资金信托计划等各类私募投资产品的监管标准。

8月21日，中基协出台《私募投资基金监督管理暂行办法》，在备案制的基础上，进一步对包括阳光私募在内的私募基金监管做出全面规定。在私募基金财产投资标的方面，规定包括买卖股票、股权、债券、期货、期权、基金份额及投资合同约定的其他投资标的。首次定义了合格投资者，即投资于单只私募基金的金额不低于100万元且符合下列相关标准的单位和个人：（1）净资产不低于1000万元的单位。（2）金融资产不低于300万元或者最近三年个人年均收入不低于50万元的个人。在管理人方面，规定设立私募基金管理机构，发行私募基金不设行政审批，向中基协申请登记。在募集方面，规定私募基金募集完毕，应当向中基协办理基金备案手续，不得公开宣称、承诺最低收益或不受损失，销售应是自销或是委托第三方机构销售。在投资运作方面，规定募集资金时应签订基金合同，私募基金由托管人托管，管理人及其他服务机构不得侵占、挪用基金财产等。

11月24日，中基协发布《基金业务外包服务指引》，自2015年2月1日起正式实施，为基金管理人特色化、差异化发展，降低运营成本，提高核心竞争力，促进基金管理人业务外包服务规范开展提供规范性指导。

2015年

1月1日起，施行中基协发布的《关于改进私募基金管理人登记备案相关工作的通知》，要求登记备案机构提供私募基金登记备案电子证明，同时协会将推行私募基金管理人分类公示。

3月6日，中基协发布《证监会明确私募投资基金参与上市公司并购重组须履行备案程序》，要求私募投资基金参与上市公司并购重组必须履行备案程序。

3月19日，中基协发布《关于实行私募基金管理人分类公示制度的公告》，正式启动私募基金管理人分类公示制度，分别针对基金的规模、基本信息、诚信记录等情况，推出规模类公示、提示类公示和诚信类公示。

4月24日，第十二届全国人民代表大会常务委员会第十四次会议修正《证券投资基金法》。

4月30日，中基协、中国证监会北京监管局联合发布《关于在北京市开展打击以私募投资基金为名从事非法集资专项整治行动的通告》，将私募基金监管底线从原先的三条提升至九条，首次明确提出禁止私募基金开展"资金池"业务。

回归本源，规范发展（2016—2020年）

2016年

2月以来，中国证监会和中基协陆续发布了一系

列监管新规，构建出"7+2"的自律体系。"7+2"自律体系主要包括7项自律管理办法（募集办法、登记备案办法、信息披露管理办法、从事投顾业务办法、托管业务办法、外包服务管理办法、从业资格管理办法）和2项指引（内部控制指引、基金合同指引）。

2月1日，中基协发布《私募投资基金管理人内部控制指引》并于当日开始施行，对私募基金管理人内部控制的目标与原则、内部环境、风险评估、控制活动、信息与沟通及内部监督等方面的制度建设进行自律管理，构成了私募基金管理人内部控制的自律监管框架。

2月4日，中基协发布《私募投资基金信息披露管理办法》并于当日开始施行，加强私募基金信息披露的制度建设，规范私募基金信息披露义务人披露的内容和方式，有利于保障投资者的知情权等合法权益。

4月15日，中基协发布《私募投资基金募集行为管理办法》，自7月15日起开始施行，对募集人员、募集方式、募集流程等进行了规定，加强保护私募基金投资者的合法权益，进一步规范私募基金的募集市场。

4月18日，中基协发布《私募投资基金合同指引》，自7月15日起开始施行。该指引根据私募基金的组织形式不同，分为1号《契约型私募投资基金合同内容与格式指引》、2号《公司章程必备条款指引》以及3号《合伙协议必备条款指引》。

5月27日，中国证监会表示拟开展私募基金管理机构参与新三板做市业务试点，暂停近半年的私募基金挂牌新三板终于得以放开，但股转系统公布的"新八条"却让不少私募基金望而却步。

7月15日，中国证监会发布《证券期货经营机构私募资产管理业务运行管理暂行规定》，重点加强对违规宣传推介和销售行为、结构化资管产品、违法从事证券期货业务活动、委托第三方机构提供投资建议、开展或参与"资金池"业务、实施过度激励等问题的规范。该规定适用于证券期货经营机构通过资产管理计划形式开展的私募资产管理业务，同时为统一私募资管业务规范、避免监管套利，供私募证券投资基金管理人参照执行。

12月2日，中国证监会正式发布《基金管理公司子公司管理规定》及《基金管理公司特定客户资产管理子公司风险控制指标管理暂行规定》，目的在于加强监管、防控风险、扶优限劣、规范发展、循序渐进、平稳过渡。

12月12日，中国证监会发布《证券期货投资者适当性管理办法》，将投资者分为专业投资者和普通投资者，私募基金行业也在调整范围之内。

2017年

1月13日，《政府出资产业投资基金管理暂行办法》（发改财金规〔2016〕2800号）下发，自2017年4月1日起施行。该办法明确了政府出资产业基金的定义及范畴，并确立了管理体制，要求此类管理人在相关信用信息登记系统登记。此外，明确管理人实收资本不低于1000万元，产品应委托商业银行托管。在投资范围上，该办法也明确规定此类基金应当以未上市企业股权投资为主，禁止明股实债等变相增加政府债务的行为。

2月14日，中基协发布《证券期货经营机构私募资产管理计划备案管理规范第4号》，限制私募基金投向不符合国家相关产业政策的领域。

3月1日，中基协发布《私募投资基金服务业务管理办法（试行）》，规范了基金募集、投资顾问、份额登记、估值核算、信息技术系统等服务业务。该管理办法还规定，申请机构应当根据《私募投资基金服务机构法律意见书指引》的要求，在登记系统中上传法律意见书。

6月28日，中基协发布《基金募集机构投资者适当性管理实施指引（试行）》，自2017年7月1日起实施。该指引规范了基金募集机构销售行为，以使投资者适当性管理得到有效落实。该指引明确将投资者适当性匹配作为募集程序的必备环节，并规定了投资者分类、产品风险分级，以及投资者与产品风险匹配等内容，核心要求是将适当的产品或者服务销售或者提供给适合的投资者。

8月30日，国务院法制办发布《私募投资基金管理暂行条例（征求意见稿）》，首次对私募基金管理人股东/合伙人提出财务标准，规定了严格的董监高、执行事务合伙人及委派代表任职要求，此外还对私募基金的范围、私募基金管理人以及托管人的职责、投资者适当性管理等方面做了明确的要求。为贯彻相关规定，该条例还对33类行为明确规定了处罚措施。

11月17日，中国人民银行会同银监会、证监会、保监会、国家外汇管理局等部门起草了《关于规范金融机构资产管理业务的指导意见（征求意见稿）》，目的是规范金融机构资产管理业务，统一同类资管产品监管标准，有效防控金融风险。

2018年

1月12日，中基协发布《私募投资基金备案须知》，规定不属于私募基金投资范畴的，不再备案。

4月27日，中国人民银行、中国银监会、中国证监会、国家外汇管理局联合印发的《关于规范金融机构资产管理业务的指导意见》（也称资管新规）正式发布。资管新规指出，"私募投资基金适用私募投资基金专门法律、行政法规，私募投资基金专门法律、行政法规中没有明确规定的适用本意见，创业投资基金、政府出资产业投资基金的相关规定另行制定"。资管新规是对私募基金监管体系的一个补充。受去通道和消除多层嵌套规定影响，私募基金的业务模式将受到一定的限制。此外，个人资产认定和投资规模认定门槛的提高，也会间接影响私募基金的销售范围。

8月14日，资管报送平台管理人重大事项变更处出台新规，对于首次提交后6个月内仍未办理通过的客户，已无法备案新产品。在管理人登记方面，严查员工简历，尤其针对从同一机构离职的情况。对通过无望的主体，审核员会电话"劝退"。此外，加强了对关联方业务开展情况的核查。对私募基金监管进一步趋于严格和规范。

10月22日，中国证监会发布《证券期货经营机

构私募资产管理业务管理办法》，主要修改内容包括：一是适度放宽私募资管业务的展业条件，包括降低投资经理、投研人员数量要求等。二是允许资管计划完成备案前开展现金管理，提升资金使用效率。三是优化组合投资原则、完善非标债权类资产投资限额管理要求。四是考虑私募股权投资（PE）业务特殊性，在初始募集期、建仓期、委托资金投入期限等方面，给予一定灵活性。五是允许商业银行资产管理机构、保险资产管理机构等担任资管计划的投资顾问，推动平等准入。此外，该管理办法还完善了部分操作性安排，如明确账户名称、增加份额转让规则等。

11月1日，中国证监会试点定向可转债并购支持上市公司发展。

2019年

1月30日，中国证监会发布《关于在上海证券交易所设立科创板并试点注册制的实施意见》（以下简称《实施意见》）。中国证监会和上海证券交易所正在按照《实施意见》要求，有序推进设立科创板并试点注册制各项工作。《实施意见》明确，为做好科创板试点注册制工作，将在五个方面完善资本市场基础制度：一是构建科创板股票市场化发行承销机制；二是进一步强化信息披露监管；三是基于科创板上市公司特点和投资者适当性要求，建立更加市场化的交易机制；四是建立更加高效的并购重组机制；五是严格实施退市制度。《实施意见》强调，设立科创板试点注册制，要加强科创板上市公司持续监管，进一步压实中介机构责任，严厉打击欺诈发行、虚假陈述等违法行为，保护投资者合法权益。中国证监会将加强行政执法与司法的衔接；推动完善相关法律制度和司法解释，建立健全证券支持诉讼示范判决机制；根据试点情况，探索完善与注册制相适应的证券民事诉讼法律制度。

4月18日，中国证监会公布《证券期货经营机构私募资产管理计划运作管理规定》。

6月3日，中基协发布《证券期货经营机构私募资产管理计划备案管理办法（试行）》，强调产品成立后五日内进行备案。完成备案前，不得开展投资活动。

6月13日，上海证券交易所科创板正式开板。

6月14日，中国证监会正式发布《期货公司监督管理办法》，要求强化风控合规体系及加强穿透式监管。

6月28日，最高人民法院、最高人民检察院公布《最高人民法院、最高人民检察院关于办理操纵证券、期货市场刑事案件适用法律若干问题的解释》《最高人民法院、最高人民检察院关于办理利用未公开信息交易刑事案件适用法律若干问题的解释》，并自2019年7月1日起施行。两部司法解释充分反映了操纵市场和"老鼠仓"犯罪出现的新变化、新特点，进一步强化了对两类证券期货违法犯罪行为的打击力度。

7月26日，中国证监会发布《公开募集证券投资基金信息披露管理办法》及相关配套规则，自2019年9月1日起施行。

10月8日，中基协发布《证券期货经营机构私募集合资产管理计划适用简易备案核查程序条件清单》，明确了"简易备案"需满足的七大条件，包括产品存续时间在3个月至10年之间、产品结构简单、投资标准化资产、投资境内标的资产、估值遵循公允价值计量等。

11月11日，中基协发布《私募股权、创业投资基金管理人会员信用信息报告工作规则（试行）》，私募信用体系建设迈出了重要一步。该报告的推出将进一步创新私募股权、创业投资基金行业信用体系的建设模式，引导和支持私募机构会员持续加强信用信息自我积累、管理和运用。

12月13日，中基协发布《私募投资基金备案须知（2019年版）》。该版备案须知有助于解决此前备案须知未能全面、有效解决的问题。

12月28日，十三届全国人大常委会第十五次会议审议通过了修订后的《中华人民共和国证券法》，自2020年3月1日起施行。本次《证券法》修订，按照顶层制度设计要求，进一步完善了证券市场基础制度，体现了市场化、法治化、国际化方向，为证券市场全面深化改革落实落地，有效防控市场风险，提高上市公司质量，切实维护投资者的合法权益，促进证券市场服务实体经济功能发挥，打造一个规范、透明、开放、有活力、有韧性的资本市场，提供了坚强的法治保障，具有非常重要而深远的意义。

2020年

2月28日，中基协发布《关于便利申请办理私募基金管理人登记相关事宜的通知》，该通知旨在方便申请机构做好事前准备，确保私募基金管理人登记工作有序、高效地开展以及申请登记工作的公开、透明，强化社会公众监督。

3月6日，中国证监会公布《上市公司创业投资基金股东减持股份的特别规定》（2020年修订），自2020年3月31日起施行。此次修订的主要内容包括六个方面：一是简化反向挂钩政策适用标准；二是取消大宗交易方式下减持受让方的锁定期限制；三是取消投资期限在五年以上的创业投资基金减持限制；四是合理调整投资期限计算方式；五是允许私募股权投资基金参照适用反向挂钩政策；六是明确弄虚作假申请政策的法律责任。■

■ 作者简介

复旦大学绿庭新兴金融业态研究中心成立于2016年3月，主要研究中国房地产金融，自2018年起编纂《中国另类资产投资研究白皮书》，对中国金融发展进行研究和记录。

博物馆动态

中国证券博物馆举办
《浦东开发三十年 资本市场三十事》展

为纪念浦东开发开放30周年,中国证券博物馆于4月18日在馆内一楼大厅举办《浦东开发三十年 资本市场三十事》展。展览遴选浦东开发开放30年来与资本市场相关的30件(组)事,结合上海国际金融中心建设的标志性事件,配以珍贵的历史照片,展现30年来上海国际金融中心建设和资本市场的发展历程。

该展览将持续展出至2020年底。■

"牛岁福临门——辛丑（牛年）新春生肖文物联展"策展研讨会在中国证券博物馆举行

2021年是农历辛丑年，也是十二生肖轮流值岁中的牛年。随着牛年新春的临近，由中国文物报社牵头，全国40家文博单位联合推出的辛丑（牛年）新春生肖文物联展也正在紧张筹备中。9月24日，"牛岁福临门——辛丑（牛年）新春生肖文物联展"策展研讨会在中国证券博物馆举行。此次研讨会得到了上海证券期货文化发展基金会的大力支持。

中国文物报社携手中国证券博物馆、北京自然博物馆、天津博物馆、山西博物院、河南博物院、辽宁省博物馆、湖北省博物馆、四川博物院、甘肃省博物馆等40家博物馆的专家学者，以及中国集邮总公司、华协珍品货运、哔哩哔哩等相关企业代表参加会议，共谋牛年新展。

十二生肖是中国传统文化的重要形象符号，作为春节的吉祥物，是我国年俗文化的象征。自2014年以来，中国文物报社与各地博物馆合作，深入挖掘生肖文化的代表性元素符号，整合各地文博单位的优质馆藏资源，揭示生肖文物和生肖文化独特的价值魅力，弘扬和传承中华优秀传统文化，并发挥其积极作用，已连续举办七届生肖文物联展，该联展已经成为全国博物馆领域春节档重要的品牌展览。

七年来，生肖文物联展的覆盖面不断扩大，展品

图1 联展推出的文创产品

图2 策展研讨会嘉宾观摩文创品

来源越发丰富，宣传推广精彩纷呈，特别是在今年春天，新冠肺炎疫情肆虐期间，中国文物报社联合腾讯博物官、腾讯看点推出了"唤醒生肖之力——十二生肖线上展"，让大众居家抗疫也能感悟生肖文化的魅力。为扩大联展的传播效果，让更多的观众在参观之余可以将生肖文化带回家，联展还推出了手账本、台历、福袋等系列文创产品，受到广大观众的普遍欢迎。

会议上，中国文物报社社长柳士发，中国博物馆协会副理事长、上海市博物馆协会会长、上海博物馆馆长杨志刚，上海证券交易所博物馆保障部总经理、上海证券期货文化发展基金会秘书长张卫东，中国证券博物馆副馆长金星分别致辞。中国文物报社策展团队介绍了"牛岁福临门——辛丑（牛年）新春生肖文物联展"的策展思路和有关衍生产品及配套活动方案。在策展研讨会上，与会专家对深化展览大纲内容、提升展览表现形式、优化文创产品开发、深入挖掘生肖IP，推广衍生产品设计，持续擦亮生肖文物联展品牌等提出了建议。

"牛岁福临门——辛丑（牛年）新春生肖文物联展"将于农历辛丑年春节前夕在40家参展博物馆同步推出，中国文物报社所属各媒体平台将提前发布展览信息和观展指引，方便广大公众参观展览。■

图3 策展研讨会现场

中国期货业协会向中国证券博物馆赠送《中国期货公司发展史》

2020年10月15日上午,中国证券博物馆举行中国期货业协会《中国期货公司发展史》捐赠仪式。中国期货业协会党委书记、会长洪磊,上海证券交易所副总经理刘逖出席仪式并致辞。

洪磊表示,中国期货市场已经走过了30年的发展历程,期货公司是连接期货市场和实体经济的重要桥梁。值期货行业发展30周年之际,中国期货业协会组织有代表性的期货公司编撰发展史,既反映了中国期货市场脚踏实地、大胆探索、特色发展的成长历程,也记录了中国期货人筚路蓝缕、艰难开拓的奋斗轨迹,对于传承期货行业开拓、奋斗精神,铸就诚信、合规行业文化具有重要意义。希望借助中国证券博物馆的平台,宣传期货市场价格发现和风险管理功能,宣扬期货行业"合规、诚信、专业、稳健、担当"的行业文化,用文化建设铸就行业核心竞争力,推动期货行业更好更快发展。

刘逖表示,中国期货业协会及相关期货公司赠送《中国期货公司发展史》和相关资料,分享中国期货市场经营机构发展史的研究成果,有助于弥补该领域的研究空白,丰富中国证券博物馆研究资料库,对博物馆期货史相关课题的研究将起到启迪和推动作用。作为新兴的行业博物馆,中国证券博物馆将进一

图1 洪磊会长向中国证券博物馆捐赠《中国期货公司发展史》，刘逖副总经理颁发捐赠证书

步加强与社会各界尤其是证券期货行业的合作，凝聚起更多的力量，将博物馆打造为讲述中国资本市场故事、传播中国资本市场文化和发出中国资本市场"好声音"的平台。

仪式上，洪磊会长代表中国期货业协会捐赠了最新研究成果——《中国期货公司发展史》。南华期货股份有限公司董事长罗旭峰代表该公司捐赠了首家A股上市期货公司上市股票纪念品等。中粮期货有限公司总经理王庆代表该公司捐赠了国内期货市场会员资料等。中国期货业协会研究部主任王春卿介绍了《中国期货公司发展史》编撰等情况。中国证券博物馆副馆长金星致谢辞。广发期货有限公司董事长赵桂萍、肖成博士、中国国际期货股份有限公司副总经理王可、永安期货股份有限公司副总经理黄志明等参加了捐赠仪式。

中国证券博物馆将以此捐赠为契机，进一步发挥证券期货市场与各市场参与主体和社会大众之间的桥梁作用，把我国证券期货发展史上相关的实物、资料和亲历者事迹等进行系统的收集、整理和保存，将更多我国资本市场发展历程中的重要见证物转化为包括广大投资者在内的社会大众可以亲身接触到的展览陈列及研究成果。■

（照片拍摄：周舶）

博物馆启事

《中国证券博物馆》征稿启事

《中国证券博物馆》由中国证券博物馆组织编写、中国金融出版社出版，旨在记录中国资本市场发展历程及重大事件，留存亲历者第一手回忆性文字，推广证券期货历史文化研究课题成果，交流博物馆文化事业发展，发布中国证券博物馆资料库建设阶段性进展。主要栏目有：人物访谈、证博特稿、风云笔谈、专题研究、文博论坛、藏品撷英等。欢迎海内外专家学者及市场亲历者踊跃投稿。

来稿要求：

一、凡涉及资本市场发展历程以及证券期货及博物馆文化、历史、教育的文稿均可，要求论述明确，尊重历史，层次清晰，行文规范，资料翔实、准确、系统。文章应不涉及保密，署名无争议。

二、来稿字数不限，建议文章配三至五张图表或照片（均请注明名称和来源）。稿件格式准确，参考文献按照 GB/T 7714—2005 标准，采用脚注，每页连续编号，文章注释的内容依次为：作者、书名、卷册、出版社、出版年份、页码；图片格式为 JPG，分辨率应不低于 300dpi。请附上作者简介及联系方式。

三、请勿一稿多投，投稿文章以原创为宜，未在公开出版物或互联网上发表，投稿即视为对稿件原创性做出承诺。

四、编辑部根据发文要求，有可能对来稿酌情删改，如不同意，务请注明。

五、来稿一经刊用即致稿酬，并赠样书两本。未刊用稿件恕不退回。

联系方式：

联系电话：021-38612105

投稿信箱：zgzqbwgnk@sse.com.cn

通信地址：上海市虹口区黄浦路15号《中国证券博物馆》编辑部

邮政编码：200080

《中国证券博物馆》编辑部